如何让孩子爱上阅读

28天家庭阅读养成计划

[韩] 金基龙/著 金青龙/译

民主与建设出版社

·北京·

图书在版编目（CIP）数据

如何让孩子爱上阅读：28 天家庭阅读养成计划 /
（韩）金基龙著；金青龙译 . -- 北京：民主与建设出版
社，2022.11
　　ISBN 978-7-5139-3909-6

　　Ⅰ . ①如… Ⅱ . ①金… ②金… Ⅲ . ①读书方法—家
庭教育 Ⅳ . ① G792 ② G78

中国版本图书馆 CIP 数据核字 (2022) 第 133299 号

< 초등 저학년 독서습관 만드는 결정적 시기 >
Text Copyright © 2019 by 김기용
All rights reserved.
The simplified Chinese translation is published by LIU REN XING (TIANJIN) CULTURE
MEDIA CO., LTD in 2022, by arrangement with DAVINCI HOUSE CO., LTD through LENA
AGENCY and Rightol Media in Chengdu.
本书中文简体版权经由锐拓传媒取得 (copyright@rightol.com)。

著作权合同登记号　01-2022-3814

如何让孩子爱上阅读：28 天家庭阅读养成计划
RUHE RANG HAIZI AISHANG YUEDU 28 TIAN JIATING YUEDU YANGCHENG JIHUA

著　　者	[韩] 金基龙	
译　　者	金青龙	
责任编辑	郭丽芳　周　艺	
策划编辑	路姜波　常晓光	
封面设计	平平@pingmiu	
出版发行	民主与建设出版社有限责任公司	
电　　话	（010）59417747 59419778	
地　　址	北京市海淀区西三环中路 10 号望海楼 E 座 7 层	
邮　　编	100142	
印　　刷	天津旭非印刷有限公司	
版　　次	2022 年 11 月第 1 版	
印　　次	2022 年 11 月第 1 次印刷	
开　　本	880 毫米 ×1230 毫米 1/32	
印　　张	7	
字　　数	123 千字	
书　　号	ISBN 978-7-5139-3909-6	
定　　价	49.80 元	

注：如有印、装质量问题，请与出版社联系。

目 录

第一章

提高成绩的第一步——让孩子爱上阅读

第二章

针对小学不同年级孩子的教育方法

第三章

培养孩子终生阅读习惯的方法

第四章

七天阅读习惯养成计划

第五章

和孩子一起的读后活动实践篇

第六章

针对读书困难的孩子的 9 种解决方案

兼顾品性与学业的小学生读书法

为人父母者都希望自己的孩子健康成长。而孩子健康无忧时，父母又希望孩子更聪慧、努力，更优秀、成功，拥有完美人生。要想让孩子成为人生赢家，我想最基本的条件就是，让孩子喜欢上阅读。

历史上著名的哲学家和伟人都是读书狂人。没有人督促，他们也是天天读书、做笔记，不断思考。为什么要读那么多书呢？通常，通过与人对话获取的知识只会在脑子里一闪而过。因此，这样获取的知识总是有限的，而且每个人都有自己的主张和见解，跟自己观点相左的见解很容易被忽视或不被深入思索。父母的唠叨总被孩子当成耳旁风就是很好的例子。

书就不同了。书可以一读再读，反复探究，直至解决所有疑惑。阅读不仅可以培养孩子的品性，还有助于学业发展。孩子通过自身体验，可以把知识内化为自己的东西，伴随自己一生。

书对每个人来说都是平等的。穷人、富人、孩子、成人都可以去图书馆看书。只要有心，所有人都可以阅读，并且通过阅读获得快乐和感悟。

在小学低年级阶段，父母的影响是至关重要的。父母一定要通过多种方式，持续地激发孩子的阅读兴趣：给孩子创造亲近书籍的机会和阅读机会，让他们养成与父母讨论阅读内容的习惯，使他们喜欢上阅读。

阅读可以提升孩子的思考能力和理解能力；多种形式的阅读活动可以激

发孩子的阅读兴趣，让孩子体验到阅读的乐趣。

本书给出了能让孩子沉浸于阅读的具体方案，详细说明了不同成长阶段的孩子需要阅读的理由。

另外，本书从多个维度分析了与学业息息相关的阅读的重要性，提出了家庭阅读的基本原则、阅读时必须遵守的法则、每周阅读计划等，便于各位家长依照执行。针对有阅读困难孩子的常见问题，本书也提供了多种解决方案。

作者希望把来自学校教育的经验分享给读者，让所有能改变孩子内心世界的微小努力，汇聚成微妙而巨大的力量，帮助孩子实现心智的巨大成长。希望父母在陪伴孩子一起阅读的同时，能够更加了解和亲近孩子。

要想让孩子喜欢上阅读，父母需要付出努力。小学低年级的孩子还是需要父母照料的阶段。建议大家依照本书，认真陪伴孩子开展为期一个月的阅读活动。要想让孩子养成良好的阅读习惯，则至少需要两个月。坚持不懈的阅读活动和令人愉悦的阅读分享活动，可以给孩子创造亲近书籍的机会。

初为父母，育儿过程中难免有失误，进而留下很多遗憾。过去的已无法挽回，但让低年级孩子养成良好的阅读习惯还为时不晚。**孩子捧起书本的瞬间，就是成长的开始。**

最后，感谢为本书出版提供全力支持的出版社相关工作人员，感谢一直以来默默支持我、鼓励我的我亲爱的妻子李贤英女士。

作者　金基龙

译者序

　　阅读的重要性不言而喻。书籍是孩子成长的精神食粮，生活里没有书籍如同世界没有阳光，智慧中没有书籍如同鸟儿没有翅膀，阅读是了解人生和获取知识的重要手段和最佳途径。阅读会给孩子提供一把打开智慧大门的钥匙。

　　小学低年级是一个人阅读习惯养成的重要时期，小学生求知欲旺盛，世界观、人生观、价值观处在形成初期，而广泛的阅读，能使他们的思想境界在读书中得到升华，使他们开阔眼界，增长知识，提高读书品位，使他们的道德、修养、情操在潜移默化中得到陶冶。同时，阅读能力是学习各个学科的入门技能，它可以使任何学习成为可能。

　　凡事兴趣是最好的老师，阅读亦是如此，只有点燃孩子的阅读兴趣，才能让阅读的种子在润物无声中潜入孩子稚嫩的心灵。

　　本书作者金基龙先生是一位从教多年的韩国小学教师，他担任大韩民国小学教师读书会"星光读书会"会长，常年致力于小学生阅读习惯养成的实践与研究，是韩国家喻户晓的阅读教育专家。为韩国的家长和教师们开展过上百场阅读教育培训。

　　本书是金基龙先生多年来对学生读书习惯养成教育研究的倾力之作。解答了初为人父母育儿过程中遇到的很多教育问题，给家长们分享了学校教育教学中总结的经验，给孩子们提供了沉浸阅读的具体方案。

我也是一名一年级小学生家长，当孩子踏入幼儿园那刻起就开始思考如何制定孩子的成长计划，其中最重要的就是如何培养孩子的阅读习惯。当我拿到这本书时如获至宝，忍不住一口气读完，有种酣畅淋漓的感觉，当即决定将它翻译推荐给国内的家长们阅读。虽然书中提到的很多书目都是韩国的书籍，在国内很难寻觅，但它的读书方法给了我很多指导，对引导孩子阅读有很好的启发。希望这本书能够给广大家长朋友们提供有益的借鉴。

"腹有诗书气自华"，温文尔雅、书卷气十足的气质源自对阅读的热爱与坚持。希望家长在陪伴孩子一起阅读的同时，能够更了解和亲近孩子。

金青龙

2022 年 7 月

第一章

提高成绩的第一步
——让孩子爱上阅读

没有书籍的屋子，就像没有灵魂的躯体。

——西塞罗

阅读影响孩子的未来

　　在动物界，像人类一样天生就不完美的动物并不常见。人刚出生时不能抬头，也不能主动靠近母亲吃奶。也就是说，人从出生起，就是脆弱的存在，父母在孩子的成长过程中，起着绝对主导的作用。同时，我们必须经历所谓"社会化"过程。那么，脆弱而宝贵的孩子应该如何去体验世界呢？答案之一是阅读。

　　相较于其他年级，小学一二年级的学生在学校接受阅读教育的时间更长一些。大多数学校都明白阅读教育的重要性，会通过开展各种活动来帮助孩子养成阅读习惯。不过，对那些入学时几乎没有阅读经验的孩子来说，学校的努力终究效果有限。

　　读书活动可以让低年级孩子自然而然地与朋友进行对话和情感交流。如果在读书活动中，孩子不读书，而是到处转悠、跟朋友闲聊，同学就会对他产生不好的看法。

　　大多数孩子不存在转学问题，也就是说会在同一所学校一直上完六年级。在学校的读书活动中，某个孩子如果因为散漫而受到老师的训诫，就可能被贴上"自由散漫的孩子"的标签。一旦被贴上这个标签后，即使他努力尝试改变，老师和同学对他的看法在六年里也将很难改变。进一步看，一年级的孩子也经常会讲幼儿园时期的一些事情："×× 天天挨训，×× 读书的时候总是很吵。"由此可知，为了免于上述情况出现，让孩子在上学前养成阅读习惯并接受阅读指导非常必要。在上小学之前，让孩子养成每天坐下来读5 分钟或 10 分钟书的习惯，有助于其适应学校生活。

　　在目前的教育制度下，学生很难在高中阶段阅读大量书籍。因为高中生不仅要面临高考的压力，还要参与各种活动，为考大学做准备。因此，要让孩子在小学阶段多读书，通过阅读来培养各种能力。提前阅读大量书籍，对以后在查阅资料，阅读与课程相关的文学作品，集中学习及需要理解力、想象力时都会有所助益。

阅读能力强的孩子，什么都学得好

　　在学校里，阅读能力强的孩子，通常都被认为很优秀。为什么会这样？因为阅读能力强意味着注意力集中，注意力集中意味着上课会认真听讲，与同学交谈时更善于倾听。另外，这样的孩子因为能很好地解决问题，甚至能帮助周围的同学，自然会脱颖而出，被老师认为是优秀的孩子。事实上，在小学低年级阶段具备良好阅读习惯的孩子，大部分在学业上也很优秀。

阅读能力出众的孩子会对自己目前的处境进行多方面的思考和想象，进而解决在课堂上遇到的各种问题。如果孩子在低年级阶段自由散漫，还经常跟朋友吵架，那么阅读就是解决方案之一。只要培养其阅读的耐心，上述问题就会迎刃而解。

孩子如果在小学低年级阶段没有喜欢上阅读，到高年级就更难了。许多家长认为，孩子在小学阶段都很听话，不用考虑他们的成长问题。但是，稍微早熟的孩子从小学四年级起便进入了青春期，会和父母保持距离，并认为父母让他们读书是在唠叨。一旦孩子认为父母很唠叨，亲子关系就会朝着完全不同的方向发展。对于父母的话，孩子会从"听到后行动"变为"听到后发脾气"或"听到后置之不理"。在这个时期到来之前，父母应该重视培养孩子的阅读习惯。

我确信，小学低年级阶段的阅读习惯，可以完全靠父母的努力来养成。刚开始的时候父母虽然辛苦，但只要耐心引导，就能有所收获——按照本书提供的方法努力实践一个月，便可以看到喜欢阅读且主动阅读的孩子。

俗话说"三岁看老",从小就养成阅读习惯的孩子乐于享受读书和思考的过程,这个过程会使他的大脑变得更活跃、更聪明。在孩子小时候,父母的努力是至关重要的,父母一定要帮孩子养成良好的阅读习惯。

父母的比较让孩子远离书本

你希望自己的孩子爱阅读还是不爱阅读？

不言而喻，大部分家长都希望是前者，因为他们从生活中直接或间接地体会到了读书的好处：读书使人聪慧、明智。在我们身边，那些小时候爱阅读的孩子，要么成绩好，要么长大后有非凡成就，要么思想深邃、逻辑严密。基于这样的事实，家长一定要下决心督促孩子多读书。

在低年级阶段，读书多的孩子和不读书的孩子似乎并无太大差别。而且很多家长认为孩子就应该开心地玩耍，对阅读教育不怎么感兴趣。但是，那些不经常读书的孩子，思考能力往往比较差，注意力往往不集中。

孩子刚刚能自主阅读时，有些父母就认为不再需要陪伴孩子，可以享受轻松时光了。在此我建议，父母至少要陪伴孩子一起读书到小学四年级结束。有时候，父母没时间陪孩子一起读书，就给孩子布置任务，或者承诺读完一本书就给奖励。长此以往，孩子就变成不是因为喜欢而读书，而是为了得到奖励（如巧克力）而读书。比起读书的乐趣，孩子更想得到读书后的奖励。如果一定要给奖励的话，家长可以试着给孩子买他想看的书或进行体验类读书活动。

一些父母很想知道自家孩子是否比同龄人读书多，就会询问其他家长"你家孩子喜不喜欢读书""一天读几本书"，并且跟自家孩子做比较。其实，要想知道这个问题的答案，可以用以下方法来判断：如果你家孩子习惯于自己坐着看书，就意味着他比同龄人具有更高的阅读水平，能够更深入地思考问题。

"你看别人家的孩子多爱看书"

许多父母会错误地拿自己的孩子跟别的孩子做比较，但世界上没有人喜欢被比较。虽然父母自认为没有表现出来，但孩子能够通过父母的肢体语言（动作或者手势、表情）感受到。如果有人拿自己的丈夫跟别人的丈夫做比较，或者拿自己的妻子跟别人的妻子相比较，被比较的人自然不好受。孩子也一样。因此，千万不要拿自己的孩子跟别的孩子做比较。

孩子应该如何读书呢？父母对此有很多烦恼。

首先，"孩子该读什么书"这一问题一直困扰着他们。当听说邻居家的哲秀读的是文字很多的故事书而不是绘本童话书，或听说别的父母买了故事全集让孩子每天都读时，他们就担心自家孩子的阅读教育晚了。事实上，每个孩子的性格和所处环境不同，所读书籍的类型也会有差异。就像学走路有快慢之别、认字有快慢之分一样，每个孩子的阅读水平也会有很大差异。尤其是一些课外辅导机构，总是给家长制造焦虑，强调如果孩子不读他们推荐的书，后果很严重。但事实上，更多的孩子没有读过他们推荐的书，照样茁壮成长。

所以，请家长调整好心态。爱因斯坦在公立学校上学时，反应迟钝，做题也很慢，而且经常做错。据说他总是重复自己说过的话，而且过于神经质，还时常欺负妹妹。

事实证明，小时候稍稍落后的孩子也能成长得很出色。比如，爱因斯坦甚至被学校评价为："记忆力差、态度不诚恳，这样的孩子恐怕以后不会有出息。"

改变爱因斯坦的是他在 13 岁时读到了欧几里得的《几何原本》，在 14 岁时又读到了康德的《纯粹理性批判》。他慢慢开始有了自己的理解和想法。就这样，通过不断阅读书籍，爱因斯坦创造出了我们熟知的伟大科学理论——相对论。

就像爱因斯坦因为一本书而爱上阅读和思考,一步步成为伟人一样,我们的孩子也会遇到一本所谓"人生之书"。父母需要做的是,让孩子自在地阅读自己喜欢的书籍。如果我们不强迫孩子读书,不拿别的孩子与他做比较,只是为他提供足够好的阅读环境与激励,他就会成长为喜欢读书的好孩子。

阅读促进大脑发育

　　加拿大约克大学心理学家雷蒙德·玛尔说道："我们无法很好地区分大脑感受到的事情和从书中读到的内容的差异。"看电影也有类似的效果，但读书的效果更明显。据说，我们在脑海中想象故事情节时和实际经历这些情节时，大脑的反应是一样的。

　　有人说："读书可以经历一千种人生，不读书的人只能活一次。"雷蒙德·玛尔认为阅读会让我们更有同理心。阅读小说时，我们会把自己当成其中的人物，与他们一起经历磨难，一起欢笑。因此，让孩子多读书和参与体验活动具有非常重要的意义。

　　人的大脑由脑白质和脑灰质构成，脑白质对创造力和思考能力有决定性影响，脑灰质中神经元细胞体非常密集。多读书会让脑白质的神经元更加发达，最终有助于促进孩子大脑的整体发育。尤其是在阅读文学作品时，整个大脑会变得很活跃，脑白质也会发生明显变化。相反，电视和智能手机对脑白质的发育毫无帮助。

美国加州大学圣迭戈分校的研究人员对 4500 名 9 ~ 10 岁儿童进行的脑成像分析表明，**每天看电子设备画面超过 2 个小时的孩子，在记忆力、语言能力、注意力等测试中得分较低，每天看电子设备画面超过 7 个小时的孩子，大脑皮层变薄速度更快**。大脑皮层与人的记忆力、注意力和语言能力等相关，是大脑中掌管感觉器官、运动能力、理解力的部分，大脑皮层变薄意味着大脑变老。研究人员表示，虽然还没有查明其真正原因和危害性，但尽量限制孩子使用电子设备无疑是对的。

现在的孩子从小就习惯于各种电子设备的视觉刺激，在课堂上很难集中注意力，也容易感到疲惫。正如以上研究所示，为了让大脑更加活跃，孩子有必要远离电子设备，多读书。

阅读对学习的积极影响

大家都见过上小学时成绩很好但上中学后成绩下滑的孩子。相反，也有一些上小学时成绩不是很理想，但后来进步很快的孩子。是什么差异造成了这种结果呢？

可以说，孩子小学时的成绩取决于父母对其学业的关注程度。

但随着年级的升高，就需要多方面的思考能力和想象力，而习惯于简单重复学习的孩子就会感到吃力。

阅读是培养多方面思考能力的最好方法。对读书感兴趣的父母从孩子一出生就会给他读童话书。对孩子来说，父母就是他的全部，所以，父母多给孩子读点儿书，孩子自然就会喜欢上读书。在书里遇到陌生的内容、词汇和故事背景时，孩子就会想象、提问，并且与自己关联起来。

低年级的课程主要是阅读童话书或教科书，然后讲述读到的内容并尝试展开想象。平时阅读量大的孩子会自然而然地融入课堂，对课堂内容产生兴趣。

另外，现在不少学校引入了哈柏露塔教育模式，强调开展问答活动。哈柏露塔是犹太人传统的学习方法，不分年龄和性别，两个人为一组进行提问和对话。平时跟父母一起读书的孩子因为背景知识丰富，习惯了回答问题，更容易融入哈柏露塔活动，因而会被老师看作"聪明又有想法的孩子"。

阅读对培养好奇心、理解力、判断力和创造力具有决定性影响。喜欢读书的孩子对周围的事物都抱有好奇心，对新的学习内容也很感兴趣，而且懂得通过大量阅读来加深理解，具备预测文章后续内容的能力。

人们最近一直强调"批判性思维"，它是一个独立自主的人的必备能力。不受周围人或事的影响，面对各种困难可以三思而后行，这是孩子享受健康生活的基础。此外，创造力是孩子在日益复杂的现代社会中的必要生存技能。通过阅读，孩子可以提升自我克制的能力。即使发生"朋友之间闹矛盾""遇到不顺心的事"等状况，孩子也可以与父母进行充分沟通，逐渐提升解决问题的能力。

阅读能使人变聪明

大家都听说过阅读能使人变聪明，那么，阅读是如何促进大脑发育的呢？

跟语言相关的大脑部分主要有两个：接受各种感觉的部分是枕叶，具有信息整合功能的部分是额叶。人脑中最后发育的额叶起着"控制塔"的作用，负责整合与调节情绪、信息和欲望。如果额叶的功能得到增强，大脑就会得到整体改善。说话比聆听更有利于额叶的发育，因此，读书和各种读后活动都有助于增强额叶的功能。

孩子在读书时，会基于现有的文字和图画，想象属于自己的内容，这一过程就是把储存在额叶里的各种信息提取出来，创造属于自己的故事，并通过视觉中枢进行再现。与此同时，孩子的大脑会重新组合书中的信息，想象出各种场面、人物、内容以及背后的故事。这一过程不仅能促进额叶发育，还会刺激枕叶，促进整个大脑的发育。

跟想象力、理性思考与判断、行为与情绪调节、共情能力等相关的是额叶的功能。阅读尤其会刺激额叶。为了让孩子变聪明，对其额叶功能进行开发是必要的。如果孩子的额叶不够发达会怎样？其一是出现情绪控制能力差、理性思维能力弱等情况，继而导致易冲动；其二会表现出麻木、呆滞，无情感变化，并且易放弃。额叶的发育主要是在小学时期完成的，家长必须予以重视。

大脑中还有一种叫作突触的结构，连接着一个又一个神经元。读书会刺激突触，使其生成新的分支并逐渐变厚，从而增强传播刺激的速度。突触被激活后，外界的刺激通过突触的时间会缩短。突触一直不用就会消失，经常使用就会变得更加活跃，进而影响其周围的组织。

由此可见，当遇到困难时，大脑动用各种方法进行思考的速度会加快。此外，大脑可以通过阅读获得重构，而且孩子的大脑是随着其性格和行为而产生变化的，这就是孩子需要进行多样的读书活动和与父母关系良好的重要原因。

阅读可以刺激左脑和右脑

左脑以数学、逻辑和分析性思维为主。左脑型孩子具有很强的耐心和毅力，会把一件事坚持到底；与挑战新事物相比，他们倾向于追求稳定，通过之前积累的经验去解决问题；他们不喜欢与众不同，不善于主动表达自己的情绪。

右脑以直观、想象和感性思维为主。右脑型孩子喜欢冒险，喜欢陌生的环境；不喜欢循规蹈矩，更愿意挑战新事物，兴趣也不断变化，看起来似乎缺乏毅力；喜欢各种新的活动，也喜欢交朋友。从某个角度来看，具有不同个性的左脑型孩子和右脑型孩子，其读书方法也有所不同。

要想刺激左脑型孩子的右脑发育，就不要让他待在家里，而是要带他出去。如果孩子不太喜欢运动量大的活动，就带他去图书馆、书店、公园等场所读书。在户外进行各种体验活动，让他接触书籍，有利于刺激他的右脑。读书时也不要询问他书籍的内容，而是要问他的切身感受，或问他是主人公的话会怎么做，等等。

要想刺激右脑型孩子的左脑发育，就让他按照既定的规律进行生活，或在规定的时间跟他一起读书。孩子表现出不耐烦时，不要训斥他，而是要鼓励他坚持下去。为了提高孩子的自尊感，我们可以先确立一个"阶段目标"（small-step）。"阶段目标"是可实现的小任务，可以让孩子获得成就感。我们可以让孩子做一些可行的小任务，如读两页书或放声朗读一页书，或玩 10 分钟后整理屋子，或看完书后放回书架，等等。即使是缺乏毅力的孩子，也可以通过完成"阶段目标"来体验小小的成就感，从而有信心坚持到底。

美国心理学家奥斯汀发现，左脑和右脑是相辅相成的，如果能很好地发挥彼此的优势，大脑的能力将增强 5 ~ 10 倍，因此，左脑和右脑的均衡发育很重要。为此，在家可做的最有效的方法就是读书。读书时，孩子会用左脑去阅读和理解文章的词语和句子，掌握内容的连贯性，同时用右脑去想象接下来的内容，或者将其与自己的经历联系在一起，或者分享自己的情感。请坚持陪孩子一起读书吧。

阅读可以提高自信心和社会性

最近，有不少孩子因为抑郁症或不适应学校环境而采取极端行为。

虽然每个孩子在成长中会有所不同，但要想让他们建立自信，具备正向的社会性，家庭的影响非常重要。在学校，孩子常常因为朋友关系问题或其他问题而受到心灵伤害。成年人在社会中遇到各种困难时，会从家庭的温暖中得到力量。同样，父母永远是孩子坚强的后盾。

家庭不稳定或心理得不到满足的孩子，在教室里会有注意力缺陷、多动症或暴力倾向。父母无原则的溺爱也是造成孩子不能适应学校生活的原因之一。孩子在小学阶段要遵守的规则比幼儿园多得多，还要接受固定的上课时间、冷冰冰的桌椅、繁重的课业等与天性不符的事物。

一起读书可以让孩子与父母产生更多情感上的共鸣。每天抽出10分钟、20分钟或30分钟，多给孩子读读书，和孩子面对面进行交流。睡前给孩子读书，会让孩子的内心充满平和与温暖。另外，如果读书时表扬孩子，就能增强他的自信心："我也能做得很好！"有人说，一个小小的关怀能拯救生命，父母的一个小小的关心也能让孩子万般心动。

阅读让词汇变得丰富

回想一下学生时代学习英语的情境我们就知道，用耳朵听的输入过程和用嘴巴说的输出过程都很重要。但学英语的基础还是背单词。到了国外，我们即使完全不懂语法和语序，只要知道一些单词，也能在一定程度上进行交流。实际上，孩子在学母语时，也是从向父母学习一个个词语开始的。

　　孩子入学时的词汇量大小能产生什么样的影响呢？孩子固然是为了学习新东西才去上学的，但如果入学时词汇量不足，他就无法理解老师说的话，学习新知识就会有困难。课堂上使用的90%的词汇，来自平时与父母的交流。喜欢跟父母交流的孩子，沟通能力也更加突出。其余10%的词汇无法通过日常对话或看电视等来补充，必须用读书来补充。

　　读书的好处是，对于不会的词语，孩子可以通过上下文或与父母对话，类推其意并掌握它。这种类推练习可以让孩子在接触较难书籍时变得游刃有余。如果孩子平时一直在做这个练习，那课堂学习对他来说就会更加轻松。坚持读书的孩子具有先天的语言优势。与父母进行交流、听力练习、读书习惯都是不可忽视的要素。

成功人士都爱书

比尔·盖茨曾说过："我能有今天是因为我们社区里的图书馆。比哈佛大学毕业证更珍贵的是我的读书习惯。"史蒂夫·乔布斯曾说过："用读书和独处的时间去谋划新的事情。"茶山丁若镛曾说过："凡男人在读书、修行、治家、做事时应集中注意力，如没有精神力量，一切都将不成。"退溪李滉曾说过："读书何必挑地方。"拿破仑在战争期间也常常带着装满书籍的马车。

除此之外，还有很多关于读书的名言。他们为什么如此强调读书呢？有没有完全不喜欢读书的成功人士？

研究表明，不读书的人很难理解较难的词语或复杂的句子，而且容易被网络上的信息所迷惑，缺乏注意力或很难投入某一领域。也就是说，不读书的人更可能被周围人摆布，没有主见。就像孩子会对各种刺激立即做出反应，无法长时间集中注意力一样。

随着时间的流逝，人会逐渐成长，注意力和理解力随之得到提升，通过各种活动和阅读获得进步。但许多研究表明，如果在这个过程中不读书，大脑就会退化到刚出生时的散漫大脑。特别是现在，已经懂得使用社交软件和智能手机的孩子，通常不会通读一篇文章，而是只选取一部分进行浏览。这会妨碍孩子的专注力，使他们仅对眼前的刺激做出反应，容易散漫，注意力不集中。

不好好读书还会影响学习成绩。习惯使用智能手机的孩子，不愿意耐心解答数学题，而是希望通过搜索等功能立刻得到答案。实际上，到了小学五年级，不少孩子上课不到 5 分钟就开始走神。通过与他们交谈我发现，他们每天使用智能手机看视频、打游戏的时间有 3 ~ 4 个小时。有的人认为教育的大趋势正在发生变化，并就此批判单向的灌输式教学。但是，我们从学校教育实际了解到，现在的学校已经有很多讨论式授课，孩子们可以在课堂上进行讨论。遗憾的是，在传统课堂上无法集中注意力的孩子，在讨论课上也表现得很散漫。

集中注意力听课的习惯，完全可以通过训练养成。但是，让低年级的孩子长时间坐在座位上做数学题，对他们来说是一种压力。因此，父母可以根据孩子的性格特点，每天抽出 5 分钟、7 分钟、10 分钟的时间，用恰当的方法教他读书。一开始会有些困难，但这种练习是孩子适应课堂学习的基础，也能帮助孩子养成沉稳、冷静的性格。

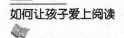

给孩子创造一个亲近书籍的环境

父母有空时，可以跟孩子一起去书店挑选他喜欢的书，在睡前一起读一读。"我得读书，我不读书的话会挨骂的，只有读完书，我才能吃饼干。""玩够了就开始读书吧。"这两种孩子对阅读的观点截然不同。

如果孩子没有养成好的读书习惯，父母就会唠叨个没完，孩子就会越来越远离阅读。如果孩子时常暴露在容易接触到游戏或视频的环境中，他也会越来越远离阅读，因为看视频不怎么费脑，思维只需要呆呆地跟着出场人物的动作或对话就可以了。如果孩子已经习惯了看视频，那么安静地坐着读书、思考问题对他而言就会变成一件痛苦的事。

父母应该在周末带着孩子去图书馆或书店，跟孩子很自然地进行交流，让他选择自己感兴趣的书。慢慢地，孩子会跟书籍亲近起来，也将懂得如何挑选自己喜欢的书：不同的书都翻一翻，比一比，当父母询问孩子"你想看什么书"时，他就会根据自己的分析，说出自己的意见。长此以往，孩子自然而然就懂得挑书的标准和方法了。

为了让孩子对读书感兴趣，父母需要创造舒适的读书环境。低年级时，一家人围坐在餐桌或大桌子前一起读书或进行各种活动，可以带给孩子安全感。

　　父母可以和孩子互读彼此感兴趣的书，也可以一起读书。据说犹太人从 3 岁开始，父亲每天晚上就会给他们读一页《塔木德》。即使再累，父母也要每天给孩子读书，这会让孩子情绪稳定，获得永久的健康生活的心态。

读书多自然学习好

　　家长经常问我："都说读书越多学习成绩越好，但我的孩子爱读书，学习成绩却不理想。我女儿的朋友都不读书，学习成绩却很棒。读书和学习成绩真的有关系吗？"爱读书的孩子词汇量大，沟通能力也比同龄人优秀，这一点是非常明确的。那么，想要成为聪明的孩子，一定要多读书吗？

　　韩国《2015 年修订教育课程》强调，韩文在学校学习即可。真是如此吗？这个观点对也不对。为了让孩子在学校学好韩文，课程大纲确实做了规划。但我们不能忽略一个前提，孩子还要在家里与父母进行充分的互动，从而完成复习。

　　很多家长认为"学校会教所有的东西，应该没有太大问题"。当然，学校会在规定的时间里认真进行教学，但如果父母没有与孩子互动，如一起写字、一起读书等，就无法给他提供好的语言使用环境。

事实上，比起在家自学英语，去美国生活，接触大量英语词汇，更能在短时间内提高英语水平。同样，如果孩子在家里得到父母足够的关心和指导，入学后就完全能跟上进度。如果孩子跟父母互动很少，升入二年级后依然会对读书、写字感到吃力。

小学一年级是培养孩子自信的阶段。虽然没必要超前学习，但为了让孩子更好地复习在学校学的东西，父母有必要给孩子多读书。没有家人辅导的孩子在读书、写字方面会感到吃力，在课堂上没有自信。这样一来，上课对他而言就非常枯燥，他会去骚扰其他同学或者搞小动作。上节课的单词还没学好，下节课又有了新单词，这会带给孩子很大压力。孩子只有在小学低年级阶段学好才能对学习有信心，进而顺利完成此后超过10年的学习进程。到了第二学期，需要反复书写第一学期学过的字时，不会写字的孩子会感到羞愧。一旦对学习失去信心，其整个小学阶段的学习就会受影响。

在学习数学、语文等科目时，具备阅读习惯的孩子有更强的理解力和挑战精神。数学课方面，他们可以阅读与数学相关的书籍。至于小学一年级的语文课，他们只要平时多读绘本，多跟父母交流，就没有必要额外学习或练习。可以说，家庭阅读就是语文的一切。每天跟孩子聊聊当天学过的内容，能使他对语文产生兴趣。

随着《2015 年修订教育课程》的出台，数学教科书被分成了"生活数学"和"故事数学"。孩子可以提前借阅与数学相关的书籍看一看。小学一年级数学是通过实物来学习的，所以在家里时，父母可以用各种各样的事物来帮助孩子练习数数和加减法。一年级的大部分数学知识，孩子都可以在家里提前学习。例如，将"数一数今天吃了多少个年糕"或者"把五个玩具分给爸爸两个，分给妈妈一个，自己留两个"等与减法相结合并反复进行练习。

一般情况下，数学练习题都可以在学校完成，但我建议父母为孩子买一本配套的数学练习册。学习数学最关键的一点就是温习错题。孩子放学回家后，父母可以跟他再做一遍在学校做过的题，这可以激发孩子对数学的兴趣，既有复习效果，也有助于提升孩子的思考能力。其中答错的题，一定要在数学笔记上写一遍相关概念和公式，然后再进行解答。出错的地方，一定要重新回到教科书，再次进行阅读和理解。到了小学高年级，有的孩子就会说"我已经放弃数学了"。他们通常不会再看答错的题，也不会整理错题笔记。因此，让孩子从低年级开始养成温习错题的习惯，有助于他爱上数学。

随着双职工家庭的增加，父母确实很难在孩子的学习上花费太多心思。由此，校外辅导机构推出了网络学习、叙述性问题、叙述性学习、漫画学习等多种教育方式。父母应慎重地考虑这些教育方式是否对孩子的学习有帮助。我认为，在孩子吃透数学教科书和数学练习册之后，再对他进行其他方式的教育也不迟。

接下来，让我们观察一下各科成绩好的孩子和成绩差的孩子的特点，详细了解一下课程与阅读的关系。

语文好的孩子与语文不好的孩子

语文好的孩子擅长读书，可以用各种方式表达自己的看法，所以理解能力和表达能力都很出色。现在的小学不像以前，不会留很难的作业，只会留孩子能独立完成的作业，以免成为父母的负担。但是，偶尔也有贪心的父母，会让孩子把非常"完美"的作业带到学校。

父母只需要做好助手。作业是孩子的任务，父母应该让孩子自己完成。如果父母总是对孩子指指点点，他在朋友中间就会丧失主导性。让孩子自己去试错，我们只需要在旁边倾听、提建议，这是成为最好的父母的捷径。

那些语文成绩不太理想的孩子，需要增加与父母对话的时间。在家跟孩子吃饭时，请关掉所有的电子设备。父母可以通过多种多样的主题对话来培养孩子的创造力和自尊感。比起训斥，"今天怎么样""在学校都做了什么"等问题可以引导孩子回顾一整天的事情，提高记忆力。如果将书作为沟通的媒介，就可以谈更具体的内容。此外，在家里通过对话获得正能量的孩子，在语文课堂上也会非常积极，自然而然地喜欢上语文。

数学好的孩子与数学不好的孩子

数学好的孩子一般都会进行预习。但过度预习与孩子的发展阶段不符，会让孩子反感学习，继而觉得学习是一件痛苦的事情。当然，有的孩子非常适合预习，但一旦觉察他开始有些吃力，父母就要果断调整学习速度。**学习不是某一阶段的事情，而是贯穿一辈子的习惯。**预习过度的一年级孩子会在课堂上出现注意力下降的情况。

比起理解原理，提前预习的孩子更倾向于用死记硬背的公式解决问题。他们虽然目前看起来学习很好，聪明伶俐，但遇到与实际生活相关的问题时就会很吃力。**不良的学习习惯会导致孩子年级越高，学习数学越吃力，越远离数学。**数学中的应用题很像阅读题，需要阅读和理解一段文字。理解能力差的孩子处理这类问题会很困难。数学不好的孩子可以和父母一起做数学教科书上的练习。父母和孩子一起复习，有助于孩子理解数学概念。此外，通过读书培养其理解能力也是必要的。

　　预习过功课的孩子会因为"课堂上讲的内容已经学过了，我都懂"而不认真听讲。父母认为，孩子只要提前掌握了所学内容，在课堂上就会更得心应手。但是，孩子会因为已经学会了而认为上课时间很无聊，从而摸摸这里看看那里，或者跟旁边的同学搭话等。在小学一年级阶段，与其让孩子在补习班提前一个学期进行学习，不如让他在家里与父母一起提前学习一个单元的内容并进行讨论——这是更好的课前准备。

　　请和孩子一起做数学练习册。孩子应该自己动手，体验解题的过程。请和孩子一起到书店挑选他喜欢的练习册，每天约定用 20 ~ 30 分钟解答两三页的题目。让孩子养成每天学习 30 分钟数学的习惯，比在补习班学习一个小时收获更大。如果有机会，用数学公式编故事或者出一些文章类题目，也能达到与读书一样的效果。

小学低年级，阅读习惯养成的关键时期

小学低年级阶段是养成读书习惯的关键时期，也是决定一生读书习惯的最后机会。地基坚固的房子历时一百年也不会塌。读书也是如此，低年级时养成良好读书习惯的孩子会一生与书为伴。

读书始于亲近书籍

喜欢乐高的孩子周围总是有乐高，喜欢恐龙的孩子周围总是有恐龙。同样，喜欢读书的孩子身边总是有书。让书籍环绕孩子的方法有：建立只属于孩子的图书馆，经常使用社区图书馆，经常给孩子念书，等等。

与书为伴

　　和书一起玩是和书变得亲近的方法之一。"和书一起玩"不是读书，而是利用书本来建塔，摆出各种图形、迷宫等。孩子通过书本进行有趣的活动，可以消除对书的排斥感，从而变得亲近书籍。

给孩子念书

　　和书一起玩之后，最好是有人给孩子念书。网上有很多这样的视频：父母声情并茂地给孩子朗读童话故事。事实上，即使父母只是语调单一地给孩子念书，低年级的孩子也会觉得非常有趣。对孩子来讲，重要的是有人给他讲故事，而讲故事的如果是父母，那就再好不过了。

去书店或图书馆挑选书籍

　　如果孩子自己在找书读，那就跟孩子一起去书店或图书馆选书。这时请购买两本书，一本是孩子挑选的，另一本是父母挑选的。和大人一样，孩子也只想读自己喜欢的童话书。不过，现在最重要的是丰富孩子的体验，父母应该和孩子一起看他挑选的书，然后再挑选一本与孩子的选择稍稍不同的书。这个时期是拓宽孩子视野的重要时期。

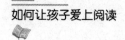

重读一遍

完成以上所有步骤后，就可以和孩子一起重读。通过重读，孩子会提取记忆，重新思考书本内容的因果关系以及接下来的内容。

阅读与学习发生冲突时

"妈妈，我可以读书吗？"小学低年级的孩子在做补习班作业时经常会这样问妈妈，而妈妈会说："做完数学题再读吧。"

父母可能认为这是孩子为了逃避做题而耍的小聪明，这表明在父母的观念中，学习比读书更重要。

大部分家长认为，读书固然重要，但学习才是第一位的。另外，孩子升到三四年级后，父母就倾向于给他推荐科学或历史类图书。而且和一二年级时相比，孩子这时候就开始上英语、数学补习班，需要花更多时间在补习班和作业上。因此，父母希望孩子在写作业的间隙抽空读书。

但是，任何人都需要休息。学习一整天回到家后，孩子肯定想着"总算可以休息了"。这时父母如果让他去读书，他肯定会对读书产生反感。

每个孩子的发展阶段都不一样，即使到了高年级，还是有很多孩子愿意在童话书中发挥自己的想象力。强迫孩子读他不感兴趣的书，就像强迫他做数学题一样。也就是说，这会让孩子觉得读书并不是有趣的活动，而是像做数学题一样是必须做的事情。

读书并不是一有空就能做的事情。就像学校的学习、补习班的学习要按照规定的时间进行一样，读书也必然占据一定的时间。在小学低年级阶段，与其让孩子多答一道数学题，不如让他多读一页自己喜欢的书。

孩子如果在低年级阶段就对读书和学习失去了兴趣，到高三毕业时就会很艰难。每天在家读书的时间（假设为 30 分钟），加上上补习班的时间，最好不要超过 2 个小时。如果父母期望过高，就会导致读书和学习效果都不好。小学一年级时，孩子读书和学习的用时比例为 9∶1，二年级时为 8∶2，三年级时为 6∶4，四年级时为 5∶5。一定要记住，孩子将来有的是时间学习，却未必有时间读书。

举一个例子：我们在高考中可以看到，平时不怎么学习的孩子，语文也可能考高分；与此相反，很多孩子虽然努力学习，却拿不到高分。这就是读书和不读书的区别。从小就爱读书、用心理解书籍的孩子，在任何情况下都能发挥自己的智慧。书读得多了，孩子就会在脑海里勾勒出相应的内容并自然地预测接下来的内容。当然，读书也会对其他课程产生影响。

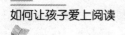
发达国家的阅读教育

2015 年韩国文化体育观光部进行的海外主要国家的读书实况及读书文化振兴政策事例研究显示，韩国的阅读率为 74.4%，在被调查国家中处于中等水平。有趣的是，韩国 16 ~ 24 岁人群的阅读率为 87.4%，在调查中居首位。与此同时，与学业及职业相关的阅读的读者占总人口的 49.49%，在被调查国家中是最高的。也就是说，与其说是读自己想读的书，不如说是为了学习或工作而读书的人更多。

美国、英国等发达国家都从国家层面实施阅读教育，并为低收入阶层的孩子实施读书计划和学校阅读教育。美国开展了以写作为中心的读书教育，还积极地运营读书项目。此外，只要老师愿意，随时可以在学校图书馆上课，而且有很多专家致力于儿童阅读教育。在英国，90% 的地方自治团体开展向 0 ~ 1 岁婴儿分发书籍的 Book Start 运动，通过 Book Token（购书代金券）运动，他们在莎士比亚诞辰日，即 4 月 23 日，举办向英国和爱尔兰的所有儿童发放 1 英镑的购书代金券的活动。

森林覆盖率 75%、总人口 520 万的芬兰以读书教育而闻名。人口不到韩国 1/10 的芬兰是如何以教育闻名的呢？芬兰人很重视阅读教育。芬兰的大部分家庭会在睡前为孩子读书，这已经成了一种文化。芬兰的孩子从小就养成了阅读习惯与在餐桌上进行对话和讨论的习惯，因此具备了正确的思考方法、责任感、关怀之心和尊重之心。从小看着电视和智能手机长大，且在无条件包容孩子犯错的文化中长大的孩子，却未必具备集体意识。

各国的阅读教育实践都不一样，但目标都很明确：营造亲近书籍的氛围，创造随时都能读书的环境。为此，国家的阅读教育政策和社会需要做出改变，这是从大的方面来说的。从小的方面来说，改变家庭文化同样有效果，而且更具可行性。要想做到这一点，必须限制使用智能手机的时间：只能在规定的时间里使用智能手机，而在其他时间里开展读书活动，进行心灵的交流。这时，父母也要远离智能手机。在墙上挂一个智能手机保管箱，每天只在规定的时间内使用智能手机且用完后要放回去，增加和孩子交流的时间。

生养孩子而不教育孩子并不算合格的父母。只有当你为教育孩子做好准备的时候，你才能成为合格父母。我们可以在学校、社区中心、图书馆等很多场所接受父母免费教育。如果有时间，一定要参与其中，以培养优秀的孩子。

一线教师温馨提示

学校的阅读教育

所谓全文阅读，不是阅读教科书中的文学作品片段，而是阅读一部完整的文学作品，围绕作品开展多种活动，或是让孩子自行组织读书活动等。

为了孩子的成长，最近有学校经常进行"课程重构"，即围绕一部作品重新组织授课。很多学校围绕选定的图书，开展了主题学习，以此进行综合教育。例如，为了实现"认识朋友的重要性"这一学习目标，学生不是阅读教科书，而是一起阅读《随心所欲选朋友》这本书。

阅读整部文学作品可以培养想象力、表达能力、沟通能力等综合能力。父母最好和孩子一起提前读一遍学校选定的作品。在学校里，低年级学生虽然有读书时间和各种活动时间，但如果提前阅读选定作品，会对参加各种活动都有帮助。每个学校都会用不同的方式来挑选文学作品，一般4月之前会在内部选定，有些学校是通过投票来决定。

为了适应这种课程，孩子需要多次阅读同一本书。这样的课程一般是一学期读一本书，然后反复阅读，围绕这本书做一切可能的活动。因此，为了让孩子习惯反复阅读，请和孩子一起反复阅读。

·学校图书馆·

利用学校图书馆

每个学校图书馆的规定都不相同，但一般都规定，借阅期限为1周，每次借阅数量为3～5册，如逾期未归还，将不能按照正常期限借书（例如，逾期3日，则自还书之日起3日内不得借阅）。按照这一规定，孩子需要自觉地承担借阅和还书的责任。尤其是把书弄丢后，需要在网上或书店购买新书还给图书馆。图书馆一般在假期也会开门，所以可以经常光顾。一年之中有1～2次机会，你可以通过家庭通信文在学校图书馆写下你希望看到的书。学校图书馆会参考收集到的书目去采购相应书籍。虽然采购要受预算限制，但在讨论后把孩子想读的书写出来，这一过程本身就有意义。

虽然每个图书馆的具体情况有所不同，但大部分图书馆每天都会开门到下午三四点，并且会有服务人员或管理员常驻图书馆。学生如果没申请到其他课程或没选到辅导教室，放学后在图书馆读书也是很好的选择。

在学校图书馆选书的方法

一般来说，只要了解了韩国十进制图书分类法并加以利用，就可以很快找到你想找的书，但一年级的孩子很难找到书。找不到书时，可以向图书馆服务人员或管理员求助。一年级的孩子还处在适应学校的时期，班主任需要在课堂上反复教他们使用图书馆的方法。对孩子来说，试着跟父母讲在学校读过的书，也是很好的体验。

放学后利用学校图书馆

因为很多父母忙于工作，孩子放学后往往会被送去补习班。这时候，给孩子留出一个可以自由使用学校图书馆的时间段也是不错的选择。圣皮埃尔说过："好书如挚友。"放学后，孩子可以在图书馆结交书里的新朋友。孩子们在图书馆里会互相交流，时间一长就会变得亲近起来。

对孩子和父母来说，每天去图书馆是一种负担，而父母从图书馆接走孩子，再将其送到辅导班，又是一种负担。所以，父母每周选择 1～2 天带孩子去图书馆即可。

读书庆典

大部分学校都会举行读书日活动。指定一周为读书周，周一为读后活动，周二为读书，周三为读书问答，周四为读书写信，周五为读书庆典等。孩子如果参与读书周活动，就能获得各种奖励。

请多鼓励孩子参加学校的读书节活动。读书节是让孩子与学校图书馆变得亲近的一个契机。很多在图书馆认真学习的高年级学生，他们从低年级开始就一直在使用学校图书馆。参加愉快的庆典活动，也是亲近书本的契机之一。

第二章

针对小学不同年级
孩子的教育方法

不读书的人，到了需要的时候，才会对
自身知识的不足感到惋惜。

——霍布斯

小学一二年级，让孩子亲近书本吧

我们都明白阅读的重要性，也希望自己的孩子多读书和变得更加聪明。要想让孩子多读书，有必要先了解一下小学一二年级的孩子。你如果知道他们的兴趣和特点，就能找到令其亲近书本的方法。

一二年级孩子读的多是绘本和童话书，他们对学习漫画也很感兴趣。有阅读习惯的孩子可以无障碍地阅读长文。升入小学一年级后，大部分孩子都可以读书、写字。当然，一年级课程里有语文课，所以，没必要担心孩子不识字。

小学一二年级是词汇量爆发性增长的时期，此时阅读有助于扩充词汇量。孩子在阅读中遇到陌生的词语时，可以通过联系前后文理解其意思，也可以通过提问或者查阅工具书弄清它的含义，这样一来，词汇量就增加了。

阅读不需要很多钱，但阅读需要努力和热情。小学生很难靠自身努力和热情来阅读，因为这一阶段的孩子仍然很散漫，以自我为中心，并对各种即时的变化感兴趣。要想让他们对阅读产生兴趣，父母需要加以关心并付出努力。如果父母不关心孩子，就不要指望孩子自觉看书。能自觉看书的孩子并不多。

小学一二年级的孩子会认为，阅读量大的孩子读的都是很难懂的书，且后者经常在同学面前炫耀。而阅读量小的孩子在遇到阅读量大的孩子时，多少会有些退缩，并逐渐远离书本。

小学三四年级时，喜欢阅读的孩子和讨厌阅读的孩子之间会有显著差异。特别是三四年级的科目增加了，父母会在这一时期将孩子送到补习班。这会让此前不怎么读书的孩子更加疏远阅读。

低年级时与书的亲近程度，会对孩子升到高年级后的阅读习惯产生很大的影响。小学高年级的阅读习惯会延伸为初高中的学习习惯，而这些最终与高考成绩挂钩。

此外，孩子阅读量的差异也会使他们在对待文字的态度和方式上存在差异。读书多的孩子在接触课本或书籍时，会充满好奇。读书少的孩子则认为上课或阅读是令人生畏的事情。最终，后者可能对学习失去信心，继而导致阅读和学业一无所获。读过很多书的孩子在每读完一本书时，都会产生小小的成就感。

实际上，很多父母会担心孩子远离书籍，担心他们理解力、词汇量和注意力不够。养成阅读习惯是培养孩子无限能力的必要条件，是进行深度思考的基础。

该如何培养孩子的阅读习惯呢？想知道其中的秘密，先来了解一下每个年级孩子的特点吧。

什么都感兴趣的时期

小学低年级的孩子想做的事情很多。他们很难安静地坐在教室里，很难在同一活动上集中注意力超过5分钟，如他们在涂色的同时，会对周围的同学和物体产生兴趣。如果你是一年级的班主任，你在课堂上会遇到有各种行为的孩子，譬如唱歌、四处走动、用手指戳同桌、伤心哭泣以及对手上的东西更感兴趣等。

如果你是一年级的班主任，你每天会听到"老师"这个词不下500次。如"老师，这个可以用吗""老师，我想上厕所""老师，他把我的橡皮抢走啦"等。实际上，低年级和高年级的班主任面临着不同的挑战。低年级的孩子发言太踊跃，稍不留神就会拖堂，而高年级的孩子则闭口不言，导致课堂无法进行下去。参加课堂游戏的话，低年级孩子在游戏规则尚未讲完时就跃跃欲试，而很多高年级孩子压根儿就不想参与。

对于想发言、想体验很多新事物的孩子，阅读会成为他们最好的朋友。一边阅读，一边进行各种活动，自然就会接触到新情况，并重新思考解决问题的办法。孩子可以通过这样的过程获得新的体验。

人在出生后往往依赖于听觉而非视觉。这表现在对周围声音敏感，听觉刺激反应更强烈。因此，我们更习惯于听到声音后做出反应，而不是用眼睛看。就成长阶段而言，一年级的孩子听觉刺激和视觉刺激都发育得很好。所以，读书给低年级孩子听或让他们自行阅读，两种方法都很有效。

书籍可以拓展孩子的想象力。爱阅读的孩子相信自己能够翱翔于天空，或者像童话里一样在梦里做任何事情。和孩子一起阅读，聊一聊想象的世界，特别是在和孩子对话时，提出富于想象力的问题，对孩子的成长有很大帮助。听孩子说话时，首先要接受并尊重他们的感受，并给予适当的表扬。尽量避免"说服型对话"。像"现在做……的话，妈妈会给你……"这种附加条件的方式在短期内有效，但长远来看，有可能会培养出执迷于奖励的孩子。

世界的中心是我

从成长阶段而言，该时期的孩子会发展出以自我为中心的思维。这一时期，孩子很难站在朋友的角度思考问题，所以经常和朋友吵架。在我工作的小学里，一个教室里通常有 30 多个孩子。这些孩子每天会吵架 10 ~ 20 次，甚至多达 30 次。我让孩子告诉我为什么吵架时，他们只会谈论对方的错误，而不会说自己的过失——对方让他们生气了。所以，我们有必要和孩子一起阅读和交流感情，从朋友的角度进行思考。

这个时期的孩子经常明目张胆地撒谎，有时因为拿走朋友的东西而遭到责骂后也会说谎。当然，他们撒的绝大部分谎不是恶意的谎言，而是瞬间不经意的谎话。但我们不能因为孩子可爱就等闲视之。这一阶段的孩子绝对听从父母的话，所以，父母应明确指出孩子的错误。听取父母的建议后，孩子会产生判断对错的能力。

面对以自我为中心的孩子，我们应该用什么方式进行阅读教育呢？

父母给孩子读画册，孩子就会感受到父母的爱。阅读能促进父母和孩子之间的亲密关系，有助于稳定孩子的情绪。睡觉前给孩子读书比较好，由于此时并非注意力集中的时间段，最好给孩子读一些简洁明了而非冗长难懂的书。

和父母一起阅读有助于提高孩子的语言技能。孩子学习语言的第一件事就是听。听多了就会说，接着自然就会写。如果父母多读书给孩子听，并进行各种读后活动，孩子的听力和口语表达能力就会得到提高，写作能力也会得到提升。

该年龄段的孩子像海绵一样吸收着书中的内容。因此，多读一些能培养正确道德意识的儿童读物是必要的。该阶段的课本也注重培养孩子良好的品德甚于传授知识。低年级孩子的学习是通过适应学校、适应共同体和遵守朋友间的礼仪来实现的。小学一年级就像是在托儿所和幼儿园体验了什么是社交的孩子直接投身于社交海洋一样。让我们用各种书籍和对话来让孩子适应学校，成为幸福的孩子吧！

我有很多疑问

孩子不知道的事情很多，好奇的事情也很多。依据《2015 年修订教育课程》的要求，孩子入学时即使不懂韩文，也可以完全按照学校的课程规划进行学习。事实上，学校每学年都会开展为期一个月的新学年适应计划。这一计划旨在向孩子传授适应学校生活必备的技能，如亲近同学、熟悉学校、画线、涂色、打招呼等。

此时就需要父母发挥作用。孩子会学到很多东西，但可能无法全部理解。并不是学了就一定会。在学习比较简单的知识，如韩文的辅音和元音时，如果孩子注意力不集中，或者在家中与父母缺乏沟通，韩文水平照样无法提高。读写有障碍的孩子，即使看了课本，也完全不知道讲的是什么。孩子的兴趣经常发生变化，他们很容易忘记学过的内容，因此，父母一定要在与孩子进行愉快的互动过程中，帮他复习在学校所学的内容。

低年级孩子的提问和表达不经过滤就会大量出现，这时就需要父母热情回应。没有得到适当反馈的孩子，会随着年龄的增长逐渐失去好奇心和表达能力。其实，现在的父母很难及时回应孩子的提问。现在双职工父母很多，为了给工作时间让路，他们会把孩子放学后的日程安排得很满。此外，职场父母在工作中会遇到困难，个体营业者会因为生意不好而压力很大。如果孩子在父母不想说话的时候一直问问题，父母显然很难和声细语地回答。

提一个简单的解决方案，如果你很难亲切地回答孩子的问题，请这样对孩子说："妈妈（爸爸）今天有点儿累，需要休息一下，你能帮帮我吗？"请不要勉为其难地意图成为孩子心目中的完美家长。父母只有在情绪稳定时，才能善待孩子。只有父母自己享受到幸福和快乐，孩子才能开心成长。

你可以留点时间给自己，回顾一下自己的工作，并借此恢复精力。一定记住，父母开心了，孩子才会幸福。

展开想象的翅膀

小学低年级的孩子会把所有与自己有关的事情告诉朋友和老师。对他们来说，自己的所有经历、父母在家吵架的事情、自己想象的事情都是有趣的故事。他们甚至会讲述昨晚梦里与恐龙搏斗后翱翔天空的故事。

在低年级孩子的头脑中，想象与现实是并存的。书中有美妙的世界和充满魅力的人物，孩子在读书时会认为自己就是主人公。读完一本书并不算结束，我们还要进一步开展读后活动，以此培养孩子的想象力。读完一本书后，可以让孩子用文字和图片来表达自己的想法和感受，或者让他们说出来。这时，有的孩子会很有逻辑地阐述自己的想法，有的孩子则不然。这种差异从何而来呢？

在担任小学低年级班主任的过程中，我认清了一个事实，那就是阅读量大的孩子比阅读量小的孩子拥有更大的词汇量。即使是在课堂上写短文，我们也能看到前者会写出更长的句子。小学阶段是提升词汇量的最佳时期。孩子在小学阶段掌握的词汇量占一生总词汇量的绝大部分。从加拿大语言学家彭菲尔德的语言学习关键期理论来看，儿童时期是词汇学习最活跃的阶段。据说此时掌握的语言甚至在成年后会被用于各类探讨以及日常生活中。另外，从日本教育心理学家坂本一郎的儿童和青少年词汇量发展表可以看出，小学低年级孩子的词汇量增长迅速。小学阶段，学生每年至少学习2300 ~ 6300 个词汇（见图 2.1）。

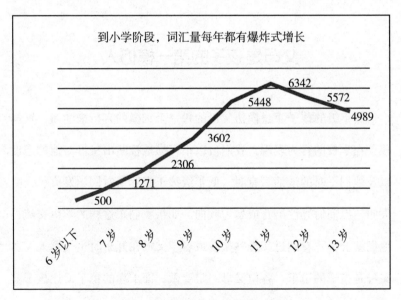

图 2.1 儿童和青少年词汇量发展表

阅读是增加孩子词汇量最好的方法。如果这一时期错过了学习语言的机会，孩子可能会在词汇量不足的情况下进入初中和高中。

让孩子认识到阅读是一件愉快的事，这样孩子就可以沉浸在阅读中度过一生。

在小学教室里，虽然每个孩子的注意力有所不同，但没有不喜欢阅读的孩子，因为书既神奇又有趣。阅读本身就是一项有趣的活动，它充满了孩子从未体验过的新内容。对孩子来说，最重要的价值就是"乐趣"。请让你的孩子知道书是多么有趣！从小养成阅读习惯，为终身阅读奠定基础。

父母是孩子的第一模仿人

低年级的孩子通过模仿父母的每一个细微的言行来学习。根据孩子在学校的行为表现，我们可以很容易地推断出父母对他的态度以及他们平时的谈话。有时，低年级孩子很容易对同学发火、大喊大叫，出现侮辱性语言或暴力倾向。如果我们跟这样的学生交流，他们就会说"看到过父母吵架"或者"父母在开车时生气骂人"。父母是孩子的镜子。各位父母一定要做一面干净的镜子，让孩子看到世界美丽的一面。

孩子试图模仿父母所做的一切。父母玩手机时，孩子也会想玩；父母看电视时，他们也想一起看；父母锻炼身体时，他们也会跟着一起锻炼。因此，父母应该向孩子展现爱阅读的样子，和孩子一起进行一些有趣的活动。和孩子一起读一本书，把书名和感受简单地总结在一张表里，或者聊一聊一起读过的书，孩子就会对活动本身产生兴趣，更加努力地去阅读。

如果父母从小就没读过书，也没有在孩子面前读过书，却强迫孩子读书的话，孩子就会抗拒读书。如果父母在看电视、喝酒或做其他事情，却要求孩子读书，孩子就难以理解。如果希望孩子用心读书，那么父母每天至少要花 10 分钟时间和孩子一起读书，哪怕平时很少读书。在家庭阅读时间里，父母可以和孩子读同一本书，也可以读报纸或其他书籍，但全家必须要在一起，遵守约定的时间，并让它成为孩子的宝贵时间。

三四年级，让孩子与书对话

　　三四年级是正式开始多领域阅读的阶段。在此期间，很多父母会为孩子购买图书全集。市面上有各种各样的全集，从各出版社的童话全集到儿童版世界名著系列等。购买全集对孩子的阅读真的有积极意义吗？答案可以是肯定的，也可以是否定的。

　　父母在购买全集时，往往是基于周围人的推荐来做决定的。很多时候，父母无视孩子的兴趣而购买的全集，孩子通常都不太感兴趣。

　　遗憾的是，很少有父母意识到这一点，他们会强制孩子阅读。"你应该看看这一本，明天读下一本吧！""这么多书，为什么不读呢？"从强制阅读那一刻起，家长和孩子都开始变得不幸。卷帙浩繁的全集，光是看厚度也会成为孩子的负担。这可能会成为孩子远离书本的开始。

我们从孩子的角度去思考，就很容易理解。最初，孩子买了一两本或从图书馆借回了自己想读的书，但突然之间，书架上多出来三四十本书。父母心疼买书的钱，会不停地让孩子看书。喜欢阅读的孩子固然可以认真阅读，但孩子如果感到负担过重，就会把阅读等同于做作业或学其他科目。

这么说来，全集绝对不能买吗？首先，我们要谨慎对待包含"适合儿童"字眼的全集。标榜"适合儿童"的系列书籍（文学作品或名人传记），往往会根据孩子的阅读水平进行改编，它们可能会偏离文学作品的原意。长大成人后，孩子会因为"我小时候读过那本书"而不再读原著。如果不读原著，孩子就会曲解作者想通过作品传达的意义，而且可能会对作品产生错误的看法。虽然市面上大部分图书不可能是这样的，但家长还是要先仔细翻阅标榜"适合儿童"的系列书籍，听取别人的建议后再购买。

此外，购买全集之前，最好先和孩子一起阅读其中的几本，如果孩子有兴趣，就引导孩子买下来。

想想我们自己，我们在书店里看到一本认为很有趣的书，就会买回来，结果还没看完就将其束之高阁。一本书尚且如此，何况仅仅因为别人说好就买回来的几十本书——这对孩子的阅读教育毫无益处，你说呢？

和同学一起阅读

到了小学三四年级，孩子就习惯于遵守明确的规则，并为遵守规则感到自豪。他们经常向老师炫耀自己非常遵守规则。比起以自我为中心的低年级学生，这是他们开始关注周围环境并发展社交技能的时期。他们倾向于与同龄人建立更深的友谊，兴趣也从自身转移到身边的人。从这时开始，他们会受到周围同学很大的影响，学习要好的小伙伴的语气、动作等。

事实上，小学三四年级是孩子养成阅读习惯的最后机会。有的孩子从四年级第二学期便开始进入青春期，与父母的沟通不像以往那么顺畅了。父母会说："他（她）虽然还是个孩子，却与我渐行渐远，我心里很空虚。"事实上，父母如果在孩子小时候不能与他维持良好的关系，他就会逐渐疏远父母。如果你的孩子现在是三四年级，请不要错过借助阅读习惯和阅读活动与他保持良好关系的机会。

到了三四年级，仍然有很多孩子喜欢看童话绘本。同时，他们也开始对情节和人物更丰富的书籍感兴趣。把自己读过的书介绍给同学，或者与同学读过同一本书，都会让他感到欣慰。父母可以试着让孩子把读过的书借给同学看。大部分学校早上有 10～20 分钟的阅读时间。这时，如果孩子把自己喜欢的书借给了其他同学，他们之间就可以很自然地开展有关书籍的对话。不断把书借给同学，孩子们之间就会有更多共同话题。比如，模仿书中主人公的言行来玩耍，进而分享彼此的感觉和想法。

事实上，最简单、快捷的学习方法叫作"边说边学"。把学到的东西讲给同学听，效果等同于复习。与同学交流学习内容也是如此。通过阅读练习和与同学交流，学习能力与口语能力自然也会得到提升。从即日起，在孩子上学时，可以往他书包里放两本有趣的书。

为什么书写要工整

俗话说"字如其人"。学校会教导孩子认真书写，但往往收效甚微。写字需要耗费大量的时间和精力，因此指导是必要的。小学的成绩评定和操行评定都是描述性评价。在小学阶段，从五个选项中选一个的试题很难再看到了。我在批阅孩子的试卷时，往往因笔迹无法辨识而难以打分。

通过观察那些写不好字的孩子，我发现，他们中的大多数学习成绩都比较差。这些孩子要么嫌写字麻烦，要么从小就不怎么写字，导致手指肌肉不发达，总之写不好字有各种原因。

到了三四年级，随着学习任务的增加，需要手写的科目也增加了。认为"我只需要填空"的孩子通常会开始大量书写。你可以看看孩子的书，字迹潦草的孩子上课时更有可能不认真听讲，或者对上课没什么兴趣。

与其盲目地期待"孩子长大了就会把字写好"，不如给孩子一点关心。到了三四年级，父母要和孩子一起在读后活动中写字。要指导孩子一笔一画地认真书写，不要求快。请购买 10 格的方格笔记本，然后跟孩子一起说出笔画的形状和位置，并一笔一画地写出来。虽然这样很辛苦，但现在的点滴努力都会得到回报。写字认真的孩子，做事时往往会小心谨慎。用心写字，写过的字会记得更牢，同时还能培养冷静的头脑。写字工整的孩子更善于清理四周和整理书桌，注意力也更集中。

此外，手上有很多神经。孩子如果经常写字，手上的各种感觉就会很发达。参与课堂活动时，如果孩子创作出了精彩的作品，其他同学却认不出他的字，没有比这更令人难过的了。在学校中，字写得好不好是与自尊相关的。当孩子用正确姿势书写时，父母应该给予表扬和鼓励，并随时检查他写得好不好。

创造阅读空间

三四年级是孩子开始理解小组活动的时期。与一二年级学生相比，他们开始更高效地处理小组作业，承担一些小的角色，也开始倾听其他人的意见。环境对孩子的影响很大，因此，父母很想知道孩子会交什么样的朋友。一般来说，孩子会和跟自己相似或自己想效仿的人交朋友。遇到喜欢跳舞的朋友，孩子就会跟他们一起学习舞蹈；遇到喜欢足球的朋友，孩子就会跟他们一起踢足球。

因此，对该年龄段的孩子来说，读一些关于榜样的书籍也很重要。三四年级的学生可以通过读伟人传记学到很多东西，并且会尝试将学到的内容付诸行动。伟人战胜逆境、帮助他人、分享爱心等经历都对孩子有积极的影响。市面上的伟人传记数不胜数，如"WHO系列""WOW系列""照亮世界的100个伟人系列""How So系列"等。选择孩子最喜欢的系列和孩子一起阅读，这样孩子就有机会了解人物的成就及其对社会的影响，并与自身想法和经历进行比较，从而学到很多东西。在伟人传记中，存在一些自大韩帝国末期到日本殖民时期评价褒贬不一的人物，可能会给孩子灌输错误的观念，请父母谨慎对待。

另外，该时期也需要培养孩子的自尊心。为此，阅读现有水准之上的书籍，可以有效保持孩子的兴趣。例如，阅读比现在高一年级的推荐书籍就非常有效。该时期的读后活动水平也会略高于低年级。在该阶段，可以增加写作量，甚至可以进行更多的阅读讨论。

为了孩子的健康成长，父母可以和孩子一起挑选一本好书。带低年级孩子逛书店的家长都了解孩子读什么书、喜欢什么书。相较于父母选的书，孩子会一遍又一遍地阅读自己挑选的书。

在家里也可以营造阅读环境。把孩子喜欢的书和父母挑选的书摆在书架上，或把客厅一隅装饰成"读书角"，让孩子可以舒舒服服地阅读。孩子在各种读后活动中完成的作品，也会对孩子产生很大的影响。

出现性别差异的时期

到了小学三四年级，男孩和女孩的倾向开始出现显著差异。一般来说，男孩喜欢存在胜负或竞争的活动，喜欢玩足球或游戏。而女孩则在意自己的外表或喜欢静态活动。这个阶段的孩子依然充满好奇，喜欢积极参与学校活动，而且与高年级不同，他们会向老师提出很多问题。孩子们也开始关注异性，有了自己喜欢的女孩或男孩以及喜欢的异性风格，我们经常能看到他们之间有书信往来或互赠简单礼物。在这一时期，孩子们比低年级时的兴趣更加具体。孩子在该时期也更加注重自己的外表。

在此期间，父母要鼓励孩子大量阅读书籍，以帮助他们培养正确的价值观。孩子如果认为外貌帅气或者有运动和舞蹈天赋的孩子很酷，之后他们就会开始化妆，或者练习舞蹈。另外，女孩子会觉得足球踢得好的男孩子既阳刚又帅气。在该年龄段，孩子会以外貌来评判一切。这时，父母要不断跟孩子强调"比起外表，心灵美才是真正的美"。错误的价值观会导致孩子到高年级时对自己产生负面想法。因为按照孩子的标准，如果他长得不好看、不擅长运动或舞蹈，而且性格被动，他的自尊心就会受到打击，从而对交友感到压力。

请鼓励你的孩子阅读各种书籍以培养他的内在力量。相关书籍有《你很特别》《幸福的清洁工》①《胆小鬼威利》等。阅读这样的书，有助于培养孩子内心的力量。

孩子会将自己与别的孩子进行比较，逐渐产生胜负心。即便是一些小事，他们也不甘心失败，并倾注大量感情。朋友之间开始拉帮结伙，冲突源自交友的渴望。这时候，父母应该让孩子多读一些

---

① 暂无中文版，书名和作者姓名系拙译。——译者注

关于友谊的书籍，或经常与父母沟通，让孩子变得更加聪明、机智。这样的书籍有《我女朋友的腿》和《最差小组？换成协同》《朋友自动售货机》[①]等。

在这一阶段，很多孩子会以消极态度对待学习和阅读活动，或者已经失去了阅读的兴趣。课本学起来也不像以前那么容易了，必须认真听课才能理解。这时候，有良好阅读习惯的孩子在课堂上会表现出高度的注意力，即使课本上有很多课文，他们也会沉着应对。所以，一二年级时，孩子在家看书可以无拘无束，但到三四年级，就要养成坐在课桌前读书的习惯。如果此时不能养成坐在课桌前读书的习惯，到了五六年级会更难。

提高学习能力

到了三四年级，很多孩子会一反低年级时的表现，开始讨厌学习或难以学习。该阶段会出现全新的课程，如社会和科学，并且学校会正式开展大量的书写课程和成绩评定。对孩子来说，这些既陌生又很难应付。市面上有很多关于社会和科学的漫画，班级里平时

---

① 此处三本书暂无中文版，书名和作者姓名系拙译。——译者注

不喜欢阅读的孩子也会对漫画感兴趣。给孩子提供一些漫画之外的其他书籍，对他进行多领域的阅读会很有帮助。

有些孩子在该时期会逐渐失去学习兴趣，如果父母不加重视，他们就会越来越不喜欢学习。通过良好的阅读习惯来激发孩子的学习兴趣非常有必要。多花一些时间与孩子一起逛逛书店或图书馆，看看符合孩子阅读水平的书，从而培养孩子自己选择书籍的习惯。

在讨厌学习的孩子中，大部分缺乏阅读和理解课文的能力。哪怕是读略低于现有阅读水平的童话书，也要养成大声、正确朗读的习惯。

此时的孩子往往只想读单一领域的书，并开始出现偏科倾向。我常常见到很多只喜欢看漫画书的孩子。请给孩子提供一个可以阅读各种书籍的环境，并在他读完一本书后及时给予表扬，直到他真切感受到读完书的喜悦和感动。

培养自我效能

班里的孩子千差万别。遇到新情况时，总有些孩子会轻易放弃。"我做不到！""太难了！""不做不行吗？"每个班级均有几个这样的孩子。作为一名教师，我感到非常惋惜。在和孩子打交道时，我会尽量表扬和鼓励他们。无论如何，我都要给孩子注入热情。

为什么孩子会缺乏上进心？经过和他们的长期交流，我发现了两类原因。

其一，孩子几乎没有成功的经验，也没有遇到过什么挑战。与他们交流后我发现，在家他们把时间花在了打游戏或玩儿上面，而且独处的时间很长，甚至父母下班回家后也没有太多的互动。此外，还有很多人说放学后会去补习班，回家后就是吃饭、看电视、玩手机游戏、睡觉等。没有一个人说会看书，也没有人做父母布置的阅读作业。

其二，缺乏亲子互动。孩子抱怨父母在客厅看电视，而让他在房间里看书，还说讨厌一个人看书。孩子还抱怨说不看书会挨骂，但看书不会有奖励。有时父母会让孩子读一些比较难读的书，并会检查他是否认真阅读了，还让他做这做那。有些孩子说自己非常讨厌阅读，在家什么都不想做。

在让孩子阅读之前，父母有必要反省一下自己和子女的关系。在缺乏亲子互动的情况下，父母还经常要求孩子读书——这在孩子眼里最终只会成为唠叨。

当孩子遇到新情况或难应付的科目时，如何让他们适应呢？一个人有能力成功完成一项任务的期望和信念被称为自我效能（self-

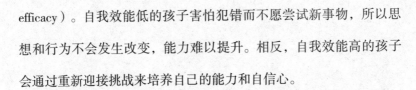

efficacy）。自我效能低的孩子害怕犯错而不愿尝试新事物，所以思想和行为不会发生改变，能力难以提升。相反，自我效能高的孩子会通过重新迎接挑战来培养自己的能力和自信心。

提高自我效能的方法有很多，但最核心的是情绪稳定。任何有效的方法若不根植于父母的关心和爱就都是空谈。请为孩子提供一个能稳定情绪的环境，让孩子对阅读充满信心。不要读太难的书，从短篇集或低年级童话书开始。如果孩子体验过读完一本书的成就感和来自父母的安全感，他就会获得克服任何困难的力量。

一线教师温馨提示

在家提前准备的学校阅读教育

·教学科目相关童话书·

如果孩子提前阅读了与课程相关的书籍，便可能对相关课程产生兴趣并积极参与其中。此外，如果孩子对故事感兴趣，也可以通过阅读与该课程相关的书籍来加深学习。

以下是对应于各年级的对课程学习有帮助的书籍[①]。因为小学一二年级没有"社会"和"科学"，所以我针对"语文"和"数学"各选了三本推荐图书。针对小学三四年级的语文、数学、社会、科学等课程，我各选了三本推荐图书。如果孩子在每学年开始之前阅读一遍，将对他的课程学习有很大帮助。

小学一年级　语文	
推荐图书	出版社
我要一个人写字	Little C&Talk
吧唧吧唧韩文"KANADA"	Goindol
大象绣出的美丽韩文	月上千回

[①] 除非特别注明，以下推荐书目暂无中文版，书名系拙译。——译者注

小学一年级　数学	
推荐图书	出版社
数数儿队长的生日派对	Spoonbook
圆圈、三角、四角大集合	点字
嘘！听说灰姑娘不会看时间	Donga Science

小学二年级　语文	
推荐图书	出版社
手握铅笔写童诗	Jajubora
花朵儿，你们好！	好日子
我的语言习惯有问题吗?	Blue Garden

小学二年级　数学	
推荐图书	出版社
大海百层之家	Book Bank
数学海盗王	Weizmann Books
数学更容易、九九乘法表！	Safari

小学三年级　语文	
推荐图书	出版社
星光之子	Book Mentor
别让敬语溜走！	Blue Garden
我是三年2班7号毛毛虫	创批

小学三年级　数学	
推荐图书	出版社
数学面包	Weizmann Books

小学三年级　数学	
爸爸妈妈的救命猪	Book in My Life
数学幽灵面包房	Sallimbook

小学三年级　社会	
推荐图书	出版社
呀哈！乱套啦！	青于蓝 Junior
韩国火车之旅	Bear Books
不一样、不奇怪	Junior Books

小学三年级　科学	
推荐图书	出版社
奇怪的科学：物理故事	Greenbook
奇怪的生物图鉴（有中文版）	Mirae-n i-seum
飞吧，哔哔！	蓝色脚踏车

小学四年级　语文	
推荐图书	出版社
方言鬼儿	创批
吉阿吉阿族纳瑞的奇妙韩文之旅	Little C&Talk
蓝色房子里的可疑邻居们	Bear Books

小学四年级　数学	
推荐图书	出版社
越比越容易的单位	Voozfirm 儿童
冷森森的数学教室	Weizmann Books
数学地狱脱身记	Sallimbook

小学四年级　社会	
推荐图书	出版社
大象不能骑吗？	Little Mountain
爷爷家是鬼屋	Ggoomgyo
奶奶的魔法车	Treefrog

小学四年级　科学	
推荐图书	出版社
我的名字是捕蝇草（有中文版）	Haegrim
惊人的水！	Junior RHK
逃离自然灾害	飞龙沼

·有助于学校生活的书籍·

市面上有大量的书籍和资料。你可以通过周围的大量信息来判断，孩子在小学低年级时到底读什么书比较好。入学后，会发生很多意想不到的事情，孩子的行为方式也往往出乎父母的意料。通过读书提前体验一下学校可能发生的事情是很好的。下面是一些有助于孩子适应学校生活的书籍。

小学 1—4 年级推荐图书	
推荐图书	出版社
今天我的心情……	Kids M
贪心的时候怎么办？	Pulbit
我今天的话该怎么说！	Blue Garden

小学 1—4 年级推荐图书	
没关系	Woongjin Junior
无字画册 1	四季
我今天的日记都写完了	Soul Kids
谁把猫带走了？	想象之家
为什么要我收拾？	Book in Fish
家人是需要紧紧拥抱的	Woongjin Junior
13 层木屋	Sigong Junior
那是我的，你别碰！	人类儿童
争吵和解的我们是朋友！	Everybk
隧道	Nonjang
西瓜游泳池	创批
云朵面包	Hansol Soobook
狮子和老鼠	青鸟
生气的时候怎么办？	Darim
今天看到了很美的东西	北极熊
小蛤蟆呀小蛤蟆！	Daseossure
为什么必须打招呼呢？	Charmdol 儿童
让我认认真真写清楚？	Blue Garden
那是有理由的	Bomnamu
我们就是真英雄！	Darim
写写我的专属日记	AMBCC&I
我家在读书！	Darim
彩虹鱼	Sigong Junior
假灰姑娘，你住嘴！	Bawoosol
愿望之蝶	Spring Sunshine

第三章

培养孩子终生
阅读习惯的方法

陪孩子一起阅读，不仅有利于孩子养成阅读习惯，而且有利于增进孩子与父母之间的关系，培养孩子的稳定情绪。因此，即使到了自主阅读的年龄，孩子仍然喜欢父母读书给自己听。

指导孩子阅读的 5 大原则

父母都渴望孩子成才，希望孩子按照自己的意愿成长。为此，孩子离开了父母的怀抱，很多教育问题被托付给了学校和课外辅导班等外部机构，甚至很多小学生晚上 10 点还在上课外辅导班。那些在固定的框架内成长、与父母没有太多互动的孩子，真的能具备应付社会上诸多事情的能力吗？

出于省事考虑和学业需求，父母把孩子扔给了各种外部机构，双方共处的时间很少。父母与孩子充分互动当然很好，但如果条件不允许，父母至少要给孩子提供足够的阅读机会。

现如今，双职工日渐普遍，家庭很难承担所有的教育。作为折中办法，我们推荐最低限度的阅读教育。最好能让孩子在家中感受到阅读的乐趣，为其营造舒适的阅读环境。

要想让孩子对书感兴趣，父母该如何做呢？

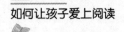

原则一：每天读三本书

小学低年级的孩子与父母多交流、多进行问答以激发其求知欲，有助于培养其语言能力和创造力。为此，父母每天最好给孩子读三本页数少的书。对忙于工作的父母来说，如果阅读任务过于繁重，反而会导致三分钟热度。读三本书其实没有想的那么难，忙的时候读插图多的，时间宽裕时读文字多的，也可以同一本书读三遍。

最好是了解孩子平时喜欢的题材和内容：一本是孩子最喜欢的书，一本是听过或见过别人读的故事书，一本是孩子不太熟悉的传统童话书。对于喜爱的电影和书籍，我们成年人尚且会意犹未尽地看两三遍，如果是孩子喜欢的书，每天读三遍也无妨。如果孩子说"再给我读一遍吧"，父母可以把这本书读三遍，过几天再给他读一遍。

孩子升入小学一年级之前，大多数父母都会为孩子朗读，但之后频率会降低。我从三年级孩子口中得知，为他们朗读的父母已经很少了，因为父母都认为孩子已基本形成了自主阅读习惯。但是，陪孩子一起阅读，不仅有利于孩子养成阅读习惯，而且有利于增进孩子与父母之间的关系，培养孩子的稳定情绪。因此，即使到了自主阅读的年龄，孩子仍然喜欢父母读书给自己听。

现在就来为孩子读书吧。切断父母与孩子的情感纽带，自然意味着沟通减少、产生隔阂。除非孩子主动要求停止，否则父母应该一直为孩子读下去！

父母与孩子之间的约定很重要，如果说好某天为孩子读书但父母未遵守约定，孩子就会很失望。但从现实角度来讲，让双职工夫妇每天给孩子读书有些勉为其难。因此，用录音或录像的方式为孩子读书也是可以的。可以用平时给孩子读书的表情和声音来录制音频或视频，没时间读书时，就给孩子播放。虽然这种效果差一点，但也会给孩子带来幸福感。

原则二：避免滥用智能手机

只要丢给孩子一部智能手机，父母就省事多了，可以做自己想做的事，享受闲暇时光，可谓智能手机在手，整日乐开怀。现在的小学生都能熟练使用手机。孩子在家中沉迷于电视和手机时，父母也同孩子一起看，这会对孩子产生什么影响呢？

我们经常在饭店里看到这样的场景，父母为了让孩子保持安静，就给孩子看手机视频，也经常有父母在用餐，孩子在玩手机的情况。目前，自小学四年级起，被列入手机成瘾危险人群的孩子剧增。韩国女性家族部 2016 年的调查结果表明，小学四年级手机成瘾危险人群总数为 20822 名。

孩子如果经常接触智能手机，就会产生很多问题。我们留意一下很多孩子放学后的状态，他们不是和同学一起玩耍，而是一个孩子拿着一部手机玩游戏，或者各自拿着一部手机看视频。手机游戏和简短的交流代替了和同学面对面的沟通与玩耍。

孩子更容易长时间地专注于游戏，而不是读书。手机游戏中包含了很多孩子喜欢的元素：快速切换的画面、击败对手的方法、激烈的竞争、30 ~ 60 秒的比赛和赢家立刻升级等。

让适应了这种即时反馈、每天玩两三个小时游戏的孩子亲近书本是很难的，因为读书需要通过静止的图片和文字找到乐趣。因此，我们要找到让孩子远离手机游戏的途径。沉迷游戏的孩子，不仅讨厌读书，也讨厌上课。与千变万化的智能手机相比，上课是枯燥内容的延续，连作业也不过是饶头而已。

举个实例，如果沉迷于游戏，前额叶就会出现功能异常，调节攻击性和恐怖性的能力降低，暴力倾向显著。如果孩子过度沉迷于游戏，单纯禁止他玩游戏是没有效果的，反而会使他产生逆反心理，表现出瞬间愤怒。我们要找到造成孩子沉迷游戏的根本原因。

不分青红皂白就禁止孩子玩游戏，只会助长他对父母的反感，破坏亲子关系，造成不良后果。刚开始，父母可以允许孩子玩游戏，但要从杀死或击倒对方的暴力游戏过渡到猜谜或街机游戏，或者是那种情节丰富的游戏。同时，最好同孩子一起进行音乐、美术和体育等活动。如果孩子对广播感兴趣，就要肯定他。广播可以拓展孩子的想象力，培养他构建自己故事的能力。陪孩子一起听有趣的广播是最好不过的了。

智能手机存在诸多问题，其中之一是导致孩子视力下降，诱发"头前倾综合征"。智能手机与"巴甫洛夫的狗"实验大同小异。俄国心理学家巴甫洛夫以狗为对象，进行了条件反射实验。向狗投食前先响铃，之后只要响铃，狗就会自然流出口水。

这个道理同样适用于智能手机。习惯于使用智能手机的孩子只会进行简单重复的大脑思维，而不是通过问答来满足好奇心或进一步思考。轻易获取的知识也会轻易忘记。为了避免手机夺走孩子思考的机会，请父母务必多加关注！如果想正确地养育孩子，父母一定要限制孩子看电视、玩手机和打游戏！

原则三：出声朗读

加拿大滑铁卢大学的研究团队比较了学习书面信息时的四种方法（不出声读、出声读、听他人读、听自己读书的录音）。他们对

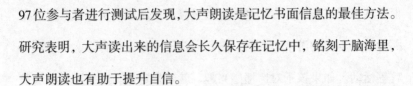

97位参与者进行测试后发现，大声朗读是记忆书面信息的最佳方法。研究表明，大声读出来的信息会长久保存在记忆中，铭刻于脑海里，大声朗读也有助于提升自信。

每天在固定时间大声朗读，有助于提升孩子的专注力和激发其读书兴趣。有趣的阅读方式也值得一试，譬如阅读时预测情节的发展、孩子给父母朗读、向父母解释读过的内容等。如果孩子读不好，最好先由父母朗读，孩子跟读。轮番读一个句子也是建立纽带的方法。由于孩子不会读，父母过分强调字眼儿的话，会降低孩子阅读的兴趣，所以，我推荐符合孩子阅读能力的书籍。

需要注意的是，孩子在出声朗读时，经常会有读错词语或无法按语义断句的情况。即时反馈会降低孩子对阅读的信心。因此，可以在读完书后由父母朗读相应部分、孩子再跟读。读得慢一点儿也没关系，鼓励孩子逐字朗读，有人物出场或内容高潮部分要着重强调，这样就会自然地培养出孩子的代入感。

朗读有助于轻松掌握句子结构，便于理解内容。特别是孩子平时在家多练习朗读的话，对在学校里阅读或表达也有帮助，还能增强对学习的自信。父母应该多为孩子提供朗读的机会，并请将其拓展到角色扮演或情感表达等多种活动中。

原则四：看图书封面交流

绘本的封面可以很好地体现其内容。据说绘本的封面设计要花费大量的时间。实际上，在读者购买或借阅图书时，书名和封面的作用非常明显。封面一般是用一幅图画和简短的字句来表现书的整体内容，所以说它是一种重要的学习工具，可以培养读者领悟文学作品内在含义的能力和想象力。而封面上的图画、色彩、书名和留白等都可以培养孩子的想象力。

"这本书的封面上有什么？"

"这本书的书名是什么？"

"为什么要画成这个颜色呢？"

"封面人物是什么表情呢？"

如果像这样很具体地提问，孩子也会很具体地予以回答。告诉孩子封面会表现书的内容，然后问孩子："这本书的内容会是什么呢？"不管推测正确与否，孩子都能感受到推理的乐趣。该方法可以激发孩子的阅读兴趣，尤其让那些不爱阅读的孩子感受到由封面推测内容的乐趣。通过阅读，孩子可以确认自己的推测是否正确，这有助于孩子养成自主阅读的习惯。

围绕封面进行聊天的方法，阅读前和阅读后都可以使用。孩子在阅读前的推测，可以与书的实际内容进行比较，孩子阅读后的感受，也可以用图画表达出来。"看到封面后你会想到什么？""哪些内容和你画的很相似？""封面为什么要这样画？"通过这类问题，父母可以和孩子交换各种想法。

实际上，大多数小学实施的"整篇通读"训练，也是采用这种方式来激发孩子的阅读兴趣的。提升阅读兴趣的活动则有用画架展示各种书籍封面、手绘书籍海报等。如果父母提前在家里对孩子运用该方法，就可以减轻孩子在学校参加此类活动时的心理负担。

原则五：把阅读和游戏结合

大多数孩子更喜欢蹦蹦跳跳和好吃的东西，而不是书本。考虑到孩子的这些特点，将阅读与游戏结合不失为好办法。让小学生安静一会儿并非易事，孩子的大部分过剩精力是通过游乐场活动和游戏释放的。我们可以试着将此变成与读书相关的活动。

例如，读了《家里有什么呢？》，可以直接在家中探险；读了《吃书的狐狸》，就像狐狸那样直接去图书馆，像狐狸那样去做；读了《遇见秋天》，先和孩子谈谈感想，再一同到室外去亲自感受秋天。重复几次这类过程，阅读就会成为孩子生活中所见所想的有趣事情，而不再是枯燥乏味的。为了让孩子成为终生读者，让我们迈出这第一步吧。

近来，学校有一种很常用的教育性戏剧，叫作"热板凳"。这是一种采访形式：一个孩子坐在椅子上扮演作品里的主人公，其他孩子向其提问。这是孩子热衷的活动之一。如果孩子和父母轮流坐在椅子上扮演主人公、有问有答的话，也有助于孩子熟悉书本内容。

此外，父母和孩子也可以玩一些有趣的小游戏，如将书摞高或玩多米诺骨牌游戏、开设书籍买卖集市、接龙游戏等。

父母在家要遵守的 6 个规矩

"明天再看书不行吗？"

"爸爸，书里的动物好神奇啊！"

"如果我把书都看完了，可以玩游戏吗？"

"做完了作业，还得看书吗？"

我们该如何回答孩子的上述问题呢？怎样回答孩子效果会更好呢？父母也很苦恼，很多情况下难以用固定模式回答。其实，父母只要在家里遵守下面六个规矩，就能让孩子养成良好的阅读习惯。

父母要读书

有研究表明，比起语言表达，孩子从父母的非语言表达中学到的更多（模仿效应）。我在与一些父母交谈时发现，他们大部分人会说自己没时间读书。孩子是映射父母的镜子，在父母不看书的家庭，很难找到喜欢阅读的孩子。一本书可以使父母和孩子的沟通由日常对话转变为深入对话，有助于孩子发展语言和思维能力。

大多数心理学书籍会说"如果孩子出现问题，就是父母或教育态度有问题"。父母如果期望孩子健康幸福地成长，就请展现自己健康幸福的样子。所有的父母都会对孩子说很多好话，但是，如果孩子看到父母做出了相反的行为，这些话就会成为空洞的回音，成为耳边的唠叨。

为了让孩子自由地阅读，父母应当直接抽出一些时间以身作则。就算是装装样子，也要跟孩子一起读读书。相较于强制孩子读书，父母和子女如果自由地阅读，并就同一本书进行讨论，关系会更加融洽。如果不方便读书，也可以读一些报纸杂志。条件允许的话，可以把电视挪走，或限定看电视的时长。也可以用家庭会议的方式来商量一起读书的时间和空间。

父母和孩子交流时，要更多地用书作为媒介，彼此推荐新书或分享书的内容。和孩子一同读书并进行各种活动时，父母如果和孩子进行交流、看孩子在学校的"整篇通读"书籍，孩子自然会提升阅读兴趣，更乐于参与其中。如果不想读较难的书，就用童话书来代替，从而更方便与孩子进行交流。

　　根据马斯洛的需求层次理论，人类的需求可以由下面的金字塔来表示。只有满足金字塔的下层部分，才能体现出追求上层需求的生活态度。最底层是生理需求，代表着最基本的温饱。安全需求得到满足后，才能表达出从属于家庭、朋友及各类群体的需求。此外，人会产生尊严需求，四个层次都得到满足时，最终会产生"自我实现需求"。

　　孩子的阅读属于自我实现需求。马斯洛认为，只有满足了四种生存需求，才能表达出存在需求，进而提升自我。如果哪种生存需求未得到满足，下面的金字塔结构（见图3.1）就会瞬间崩塌。

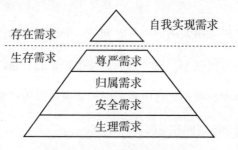

图 3.1　马斯洛需求层次理论

　　我们在实施阅读教育时，必须满足孩子的四种生存需求。换句话说，孩子只有在温暖的地方吃饱睡好、有一个快乐的游戏环境、感受到被保护和家人的关爱，以及足够的表扬认可时，才可能正确地阅读。由于下面四种需求未得到满足，无论如何强调读书的重要性，都于事无补。

如果父母很少读书，很难让孩子看到自己读书的样子，夫妻俩就应该分担这一任务。在分配家务时，除了洗碗、洗衣、清扫和垃圾分类，还要再加上陪孩子读书。让我们抽出时间以身作则吧！培养孩子稳定情绪的最好方法是父母一同参与。

不写读后感

阅读的第二项挑战是写读后感。大多数父母儿时读了书就要写读后感，根据写读后感的数量，他们会获得相应的奖状和各种奖励。哪怕是 10 年前，多数小学都会给写过 50 篇以上读后感的人颁发奖状。制作阅读记录册并每周检查一次的方法如感冒一般在很多小学中流行开来。但是，写读后感恰恰是最让孩子害怕的阅读活动。阅读后要求孩子写读后感的话，阅读最终会沦为一种作业。

实际上，过去大部分孩子在做学校留的读后感作业时，都是把封面上一些介绍故事情节的文字照抄下来，再加上"真有趣啊"之类的话。就算老师跟孩子强调，读后感应该写自身感想而不是情节，大多数读后感仍然充斥着情节复述。

孩子就算喜欢阅读，也要因为写读后感而不得不减少阅读时间。

阅读本身应当令人愉悦幸福。相较于写读后感，父母和子女之间更应该通过自然的交流或读后活动，彼此分享心得、重新思考书的内容。需要留意的是，绝对不要询问孩子某本书是否读完了，或让他解释这本书有什么教育意义。孩子无法自行领悟的意义，父母就算说成百上千遍，也不会触动孩子的心灵。要通过沟通引导孩子成长，跟孩子的对话从书中的小人物和颜色扩展至书的主题和情节，效果会更好。聚焦于书中细节，也会更接近书的主题。

如果习惯了上述过程，就不要再写读后感，而是试着用简单的一行文字来概括。小学四年级之前，孩子对书籍都很感兴趣。对他们来说，书中有很多有趣而神秘的内容，阅读还不算是负担。此时如果让孩子写读后感之类的长文章，就会让他失去对阅读的兴趣。如果换成写一行字，孩子就有可能会说："写两行不行吗？""我想多写点儿！"孩子的文字中经常会隐含着平时的想法和感受。透过短短的一行字，我们也能了解孩子平日的想法。在学校写的儿童诗或读后感中，经常会表露出孩子的苦闷。如果认真看一下孩子的一行文字，我们就能理解孩子的内心并更好地与之沟通。

如果坚持让孩子在阅读后用一句话概括，孩子就能更好地理解书的内容，还会形成主动概括的能力。长此以往，孩子自然会养成自主阅读的习惯。

开展与书有关的体验活动

有句话说："书给了我们过另一种从未尝试过的生活的机会。"通过读书，我们可以体验从未经历过的他人的生活，可以体验任何国家、任何人的生活以及崭新的世界等。

孩子亲身体验生活的机会，会有什么教育效果呢？把想象变成现实的经历会给孩子留下愉快的回忆。父母可以带着孩子去书中提到的地方旅行，也可以带着孩子去书中出现的博物馆、图书馆和历史遗迹直接观察、聆听和感受。或者，阅读有关旅行的童话书，和孩子一起制订并实施旅行计划，都大有裨益。

在各种游戏中，孩子的各种感官会接受丰富的刺激，这有助于理解和消化书中的内容。换言之，在静态阅读中，新添加了诸如触摸、进食、运动和奇思妙想等各种元素。将孩子喜欢的元素与阅读结合起来，可以提升孩子的阅读兴趣。

阅读是一种观察、倾听和思考的活动。随着成长，孩子的想象力会逐渐降低，孩子对周围事物的兴趣也会大幅减少。到那时，孩子会认为阅读是某种远离现实的事。如果这种状态持续存在，孩子的阅读兴趣会更低，与现实脱节的活动将无法再引起孩子的兴趣。

最近电视里有很多美食节目，如《姜食堂》《白钟元的胡同餐厅》《好吃的家伙》等（注：韩国美食真人秀节目）。我们观看这些节目时，不会止于"看起来很好吃"，而会说"下次一定要去那儿亲口尝尝"。而且亲身前往的话，我们的触动会更加强烈。读书也是同样的道理，在主人公去过的地点、吃过的食物和经历过的事情中，肯定会有孩子特别感兴趣的内容。此时，请务必给孩子提供一个亲身体验的机会。孩子只有读了书并且产生了"我一定要试试这个"的愿望，才能把阅读兴趣保持下去。

当我们与孩子一起过周末或度假时，何不选一本书并体验相关内容呢？工作劳累时，躺在树荫下，一家人一起读书，不也是一种很好的休息方式吗？

确定全家的读书时间

父母和家庭环境是影响儿童个性和性格发展的决定性因素。跟在幸福家庭里长大的孩子交谈，哪怕是几句话，也会感觉他与其他孩子不同。父母在家里的细微表现都是孩子学习的对象，如语气、行为、抚养孩子的态度、待人接物的方式等。

阅读也是如此！全家人都忽视读书、沉迷于手机游戏和电视娱乐节目的家庭不胜枚举，从未带孩子去过家附近的书店或图书馆的家庭也为数不少。如此，孩子自然不可能具备正确的阅读习惯和阅读态度。

让我们和孩子一起读书吧！约定一个时间，一起陪孩子读书。这时，我们不提倡以读书为由而把给买零食、买玩具等作为褒奖。孩子实在讨厌读书的话，可以问孩子："妈妈现在要看一个小时的书，妈妈看书的时候，你想做什么呀？"大部分孩子都会回答"要一起读书"。如果没有获得想要的答案，也请父母打开书开始读，说不定什么时候，刚才还在耍赖的孩子就已经在旁边读书了。

读完书之后，一家人最好简单聊一聊书的内容和读书的感受。重要的是，不论有什么事情，一定要遵守约定。如果父母借口工作忙、应酬和聚会，致使读书的事不了了之，就会加深孩子认为阅读可有可无的负面想法。

一家人聚在一起，找出一个大家都不忙的时间段，定好读书的日期和具体时间。如果无法遵守约定时，就提前几天申请变更读书时间。通过与子女协商来选定合适的读书时间，非常有助于孩子的大脑发育。

进入青春期后，孩子常常会避免与父母交谈。即使孩子日后升入初中或高中，也要坚持一家人的读书计划。这样一来，即便平时沟通较少，但通过在一起读书、交流，家人之间的感情也会变得更加深厚。

增加与孩子沟通的时间

平时不怎么读书的父母反而经常对孩子说"为什么不看书""今天该看的都看完了吗""给我看看你写的读后感"，如此唠叨，会让孩子逐渐远离书本。

就算是沉迷于娱乐活动的成年人，如果旁边有人鼓动他读书，他也会产生心理负担。同理，如果孩子正在聚精会神地画画、玩积木，父母忽然拿给他一本书也不会有好的效果。比较好的做法是，当孩子完成一项活动并想要做其他事情时，再鼓励他去读书。因此，重要的是要让孩子产生自主阅读的兴趣。为此，我们要增加与孩子的沟通。让我们花些时间与孩子一起玩他感兴趣的玩具、看电影和逛游乐场吧！同时，我们期望由此展开与阅读有关的交流。

父母当然希望在家好好指导孩子读书，但现实情况是，孩子放学后还要上各种课外补习班，这与父母们放学后踢足球、跳皮筋、去操场或小河边玩耍的时代截然不同。许多父母都表示，他们也不忍心看孩子受苦，但又不得不屈从于周围环境的压力。

小学是积累各种经验的时期。跆拳道、绘画、足球、棒球、篮球、跳绳、编程、钢琴等各种课外班数不胜数，孩子也可以通过课外班积累新的经验。孩子喜欢有各种新体验的课外班，但如果强制他们去上语文、英语、数学等课外班，就会导致孩子倾向于远离学习和阅读。

韩国的孩子通常从上午 9 点到下午 3 点在学校学习，放学后去课外班学到晚上 10 点。这大致相当于成年人下班后还得去上英语补习班或者做兼职。

朝九晚六的上班族回家后，往往什么也不想做，只想好好休息。类比一下，孩子回到家后的心情就可想而知了。

至少到小学四年级前，请给孩子一个尽情玩耍和自我体验的机会。孩子在和同学的玩耍中学到的东西，对他的生活有很大的帮助。父母要跟玩累回家的孩子亲切沟通，为其营造幸福的家庭氛围。在这种氛围下，阅读教育顺其自然地就开始了。孩子的所有教育都始于与父母的关系。下班后，哪怕身心疲惫，也不要放弃与孩子沟通。父母放弃沟通的那一刻，孩子便失去了依靠。

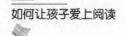

温暖的眼神和行动

养成一种习惯需要多久呢？伦敦大学简·沃德尔教授通过实验证明，养成一种习惯需要 66 天。平均而言，经过 66 天之后，行为自然而然就会成为习惯。也就是说，让孩子养成一种习惯需要两个月的时间。那么，为了培养孩子的读书习惯，让他在两个月内每天同一时间读书真的容易吗？任何事都是想得容易做起来难。因此，因为父母的日程或家庭活动等无法遵守读书约定时，需要灵活处理。

我们可以通过家庭会议来讨论阅读，探讨如何开展家庭读书活动。而且，不论发生什么，我们都要尽力完成阅读，而不要受场合限制。此时，父母看着孩子读书时露出的欣慰笑容，会对孩子的读书行为带来正面强化作用。父母温暖的目光和行动，为孩子提供了读书时提问的动力和勇气，让孩子能综合思考书里读到的和父母讲的内容。

起初，孩子可能很难长时间阅读，此时他需要的是鼓励和支持，而不是催促。孩子需要一个倾听并理解自己的人。即便孩子有一点儿慢、有些许不足，也要在旁边耐心等待。尊重和鼓励孩子，不仅有助于孩子养成正确的阅读习惯，还可以培养积极的自我认知。如果我们亲切地望着孩子、倾注爱意并耐心地等待，我们的孩子在他人眼中也会是这样的。实际上，我在 10 年的教学生涯中与许多父母交谈过，我发现，父母是孩子的镜子。我不禁感慨："真是有其父必有其子！"

与孩子共读的 5 种方法

　　用哪种方法给孩子读书最有效呢？实际上，父母的语调和朗读方法并不太重要，关键在于同孩子互动的程度。但是，面对父母，孩子会有样学样，所以，对于童话书里的文字，父母一定要正确朗读。另外，父母在读句子时，一定要按意思正确停顿。这样一来，根据父母的朗读，孩子自然会理解和掌握该在何处停顿。需要强调的地方，一定要在明确强调的同时和孩子进行眼神交流。你要经常和你的孩子一起读书，并多多互动。

　　在孩子生日或儿童节等特殊的日子里，把书作为礼物送给孩子，这会使孩子认为图书是在特殊日子里才会收到的礼物。所选的图书最好是孩子平时特别想读的题材，或者父母想给孩子读的书。如果孩子对父母挑的书不满意，父母可以送他喜欢的书籍，或者用 1+1 的方式，即除了书之外，可以再送一些孩子喜欢的其他礼物。

推测阅读

在阅读过程中，孩子时常会就不懂的内容不停地向父母提问。虽然马上给孩子解释有助于理解，但我们也可以尝试以反问的方式启发孩子。

"读完你就会知道的，咱们继续读好不好？"

"你觉得是什么意思呢？"

"让我们想象一下好不好？"

以上这些看似微不足道的句子，往往会在培养孩子独立思考方面起到决定性作用。

阅读能力是孩子生活能力的基础。成年人在看书读报时，也经常遇到不认识的字词，此时，我们完全能依据前后文推知其含义，而不需要查询。我们也要帮助孩子培养这种技能。

阅读能力在课堂上起着重要作用。实际上，阅读量大的孩子之所以成绩优异，正是由于其"阅读能力"。对于教材中大量的文字，阅读量小的孩子需要更多时间去理解。许多孩子可以快速解决简单的计算问题，却因为不理解数学题目，经常犯错。坚持让孩子做推测阅读练习，也有助于提高孩子的学习成绩，并使其在课堂上建立自信心。

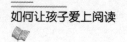

画线阅读

孩子习惯读书后，可以让他尝试边画线边阅读。边画线边阅读不仅适用于散文，也适用于文字较多的童话书。在阅读过程中，父母可以让孩子在主要人物、重要事件或情感变化之处画线。比如，主人公用圆圈标记，重要事件用黄色荧光笔做记号，情感变化用淡绿色荧光笔做记号。边标记边思考，有助于记忆和更深入地理解书的内容。

很多孩子喜欢大量翻阅图书而不是精读。虽然从发展兴趣层面来说这值得肯定，但从孩子的成长角度来看，我们却希望孩子更多地精读。很多大量翻阅图书的孩子记不住书的内容。这时，边画线边阅读，就有助于集中注意力。我们陪孩子读书时，可以一边画线一边问他为什么这样画线，以达到深入理解的目的。如果书是从图书馆里借的，则可以用记笔记或者贴便笺的方法代替画线。

强调阅读

强调阅读是孩子在阅读时强调重要部分的阅读方法。例如，遇到跌宕起伏、紧张激烈的情节时，父母可以一边声情并茂地朗读一边惟妙惟肖地表演。根据书中人物的不同，朗读的语气语调也要有所不同。需要注意的是，如果家长事先不了解书的内容，就会在完全不相关的地方强调。童话书作为文学作品，也具有艺术性。想当然地去读的话，很难把握需要夸张或强调的地方。因此，父母要先阅读一遍孩子的童话书，这用不了五分钟。了解了主人公和主要事件后，自然就知道该在哪里强调了。

在家做过强调阅读的孩子在学校读书的时候，会读得非常好，可以帮助孩子很好地树立自信。

概括阅读

概括阅读是看过书后回顾书籍内容的一种阅读方法。开始的时候，和孩子每看完一页书，就让他用一句话或一个词进行概括；之后逐渐增加到两三页；再拓展到用几句话或几个词概括整本书。这样的练习，既能检查孩子读过的内容，也能培养孩子的"元认知"能力。

元认知是指"了解自身的认知能力并加以调整的能力"。简言之，解完数学题后，孩子会回顾解题过程并了解问题所在，也就是区分已知和未知的能力。优等生和差生的区别就在于元认知能力。

近来研究已经表明，该能力对学习至关重要。优等生在学习过程中会运用元认知能力，不断制订各种计划并付诸实践，之后修正计划、自我评估并再次重复这一过程。

具体来说，元认识就是深入思考一个问题，并从不同角度进行思考。从某方面来讲，这种活动效率并不高，但最终能提高孩子的学习能力。因为元认知可以培养孩子对问题的探索精神，使他们能够应对任何状况或问题。

那么，阅读过程中的哪些活动可以提升元认知能力呢？

读完书后，我们一般不太记得内容，需要通过一个词或一幅画来唤起回忆。概括阅读能让我们长时间记住读过的内容，自主检验已读内容，提升元认知能力。由概括阅读练习培养出来的元认知能力有助于我们掌握核心内容，有助于我们阅读各种文学作品，把握其主题或总结其内容。

父母要坚持让孩子进行概括阅读练习。不知不觉中，你会发现孩子概括起一整本新书来也游刃有余。

返回阅读

很多父母反映："和孩子一起读书确实很愉快，但读到后面时，前面的内容却忘记了。"此时，返回阅读就派上用场了。返回阅读借鉴了茶山先生丁若镛的"默想"。所谓"默想"是指认真思考、反复默念和努力回想脑海中存储的词语。换句话说，默想是指在不发声的情况下提取记忆并再次思考的过程，与阅读一脉相通。当时的性理学最强调出声朗读，我们经常能看到电视剧中儒生们围坐在一起、摇头晃脑地读四书五经的场面。

如果孩子在阅读时有疑问或有问题，最好让他们回过头再次阅读。自我领悟的价值数倍于通过提问获得的知识。为了让孩子拥有独立思考能力和更广阔的视野，让我们同孩子一起返回阅读吧。

返回阅读的具体实践方法对孩子来说可能有一定难度，父母可以先尝试陪孩子读报纸。一起通读整张报纸，一起阅读孩子关注的领域，一起阅读体育版、广告页，或者和小学生有关的报道。如果孩子从小就接触报纸并练习返回阅读的话，稍难的文体也不在话下。童话书是孩子容易理解的文体，报纸却是充满结构性和逻辑性的。而且，韩文报纸里有很多汉字，也会激发孩子对汉字的兴趣。阅读报纸时，父母一定要陪伴在孩子身边。孩子多倾向于直接阅读和接受报纸上的内容。围绕报纸上的文章标题，与孩子进行讨论或者写短文也是很好的阅读方法，可以使孩子批判性地对待报纸上的内容。

一线教师温馨提示

我家孩子是否智能手机成瘾

请与孩子一起完成下面的检测表

我家孩子是否智能手机成瘾	符合请用 O 标示
智能手机不在身边会感到焦虑	
每天使用智能手机超过 2 个小时	
去卫生间也拿着智能手机	
用智能手机敲字的速度很快	
智能手机是 1 号宝贝	
有时会无缘无故地摆弄智能手机	
吃饭 / 学习 / 读书时手机提示音响起会马上确认	

◎上述 7 条中符合 6 条以上的，极有可能是智能手机成瘾的高危群体。请让孩子养成除玩智能手机外的其他爱好。将运动和阅读等活动与手机相结合，培养孩子自主调整手机使用时间的能力。上述 7 条中符合 3 ~ 5 条的，则是喜欢手机的孩子。请让孩子在设定时段内使用手机，并增加与孩子沟通的时间。上述 7 条中符合 0 ~ 2 条的，可以认为是正确使用手机者。

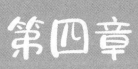

第四章

七天阅读
习惯养成计划

小学低年级的孩子仍然很难理解同学讲的故事，或对其产生共鸣。通过听各类书中的故事与尝试理解人和动物的内心，孩子的共情能力会得到提升。

第一天：每天共读一本书

　　父母在帮助孩子亲近书籍方面起着至关重要的作用。孩子在小学四年级之前，还是非常愿意听从父母的意见的：一起去旅行，乖乖去上课外辅导班，也经常跟父母沟通。但到了五六年级，孩子就进入了青春期，跟父母的对话也减少了。即使父母想和孩子在一起，也经常被推开。因此，父母要在孩子处于小学低年级阶段时，通过阅读与孩子保持良好的关系。这个时期形成的亲子关系，会一直持续到他升入初中、高中甚至大学。

　　下面我为大家介绍一个可以和孩子共度一周的阅读习惯养成计划。这是一项每天可以进行两三次阅读活动的计划。如果条件有限，也可以每天一次，持续一个月。重要的是持之以恒。如果仅仅坚持了一小段时间便戛然而止，孩子就会更加远离阅读。让我们用毅力和热情，与孩子一同缓缓开启阅读活动吧！

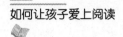

第一阶段：每天为孩子读一本书

养成阅读习惯的第一阶段是"每天为孩子读一本书"。陪孩子玩耍尚且劳神，读整本书更非易事。况且，父母也会产生诸如"孩子已然是能自主阅读的年龄，还有必要为他读书吗"之类的疑惑。但是，每天为孩子读一本书会对其大有裨益。

这可以提升孩子的倾听专注力。在学校里，孩子要长时间听老师讲课，还会听同学聊天。每天回家之后，孩子或坐于父母膝上，或依在父母怀中。如果此时父母为其读书的话，其专注力自然会大幅提升。专注于倾听可以促使孩子积极参与课堂活动。

用舒服的姿势听自己喜欢的声音与冥想的效果相同。轻柔的音乐和舒服的姿势能使心灵放松，释放压力。事实上，有研究表明，即便是未经专业冥想训练的普通人，经过短暂的两个月乃至一年的冥想练习，也会使大脑产生变化，用幸福感取代忧郁感，坚持读书与冥想有异曲同工之妙。

小学低年级的孩子仍然很难理解同学讲的故事，或对其产生共鸣。通过听各类书中的故事与尝试理解人和动物的内心，孩子的共情能力会得到提升。

很多父母给孩子读书时都苦恼于如何才能更加生动有趣。其实，在与孩子面对面读书时并不需要特别的技巧，只需要比平日说话的音调略高，或在有趣的部分稍微强调一下即可。同时，在孩子可能会产生好奇的地方应暂时停顿，触发其好奇心，仅需如此，孩子便会沉迷于书中。

第二阶段：孩子读给父母听

第一阶段是父母给孩子读书，本阶段可以让孩子读书给父母听。孩子可以在父母读完后接着读，也可翌日再读。如果孩子熟悉了互读过程，家里有两个及以上孩子的话，也可以让他们互相读。笔者任教的学校里正在开展一年级与六年级学生互相朗读的活动。我们了解到六年级学生为一年级学生读书时，六年级的孩子也会沉浸在书的内容中。孩子相互朗读的自然状态美不胜收。在该过程中，孩子们可以自然而然地分享彼此的故事，交流感情，增进友谊，减少摩擦。

孩子给父母读书是从单向朗读拓展为互读。父母乐于倾听孩子的读书声，有疑惑的地方互相探讨，这会培养孩子的自尊，让孩子觉得"我对父母也是重要的人"。另外，当孩子读完整本书时，父母要给予表扬。在父母不在场的情况下，孩子说不定会提前阅读很多书，等着给父母朗读。

第三阶段：与孩子逐句轮流朗读

与孩子读同一本书时，可以和孩子逐句轮流朗读。该过程能有效提升孩子的阅读专注力。请仔细观察孩子与父母逐句轮流朗读时的样子——轮到自己时，孩子会目不转睛地盯着书。如果漏掉了一句话，双方可以相互提示。轮流读完一篇文章后，父母和孩子就可以开始讨论了。

逐句轮流朗读，可以让父母获得与孩子进行讨论的机会。你一言我一语进行讨论时，自然就完成了相关的问与答。与其围绕特定的主题进行讨论，不如围绕共同选定的书目顺理成章地进行讨论。读完书后展开的讨论有明确的对象，所以更有利于表达自己的意见。孩子有了自信，学校生活就会更加阳光。

几个人一起阅读、讨论、思考的过程，比独自阅读和理解更有助于培养逻辑能力和思考能力。学校的每个教室里大概有 30 名学生，因此在听、说、读、写等过程中培养"会话"能力方面，学校教育存在着结构性缺陷。让我们用读书后的相互沟通来提升孩子的会话能力，用逐句轮流朗读来培养孩子良好的阅读习惯吧！良好的阅读习惯是所有课程学习的基础。

第二天：和孩子一起去逛图书馆

　　第二天陪孩子去图书馆吧！有些低年级孩子在学校读书很多或经常去校图书馆，跟他们交流后我发现，他们经常在周末跟父母一起去图书馆。这类孩子的阅读专注力很高，经常在学校图书馆借书。所以，时间允许的话，父母一定要和孩子一起去图书馆或书店。

　　去图书馆会令孩子熟悉公共礼仪，也能学到挑选中意图书和整理图书的方法。与父母一同前往，本身就让孩子非常高兴。就算是对阅读不感兴趣的孩子，看见同龄人读书的样子也会有所触动。

　　图书馆里有为孩子打造的特色空间。有的图书馆里，孩子可坐可躺，周围还绘有各种卡通人物，亲近感倍增。让我们抽些时间与孩子一同在图书馆里快乐地阅读吧！离开的时候最好各自借两三本书，回家后一起阅读。

　　到了书店，孩子就会想买书。如果孩子说喜欢某本书，父母就要问一下理由是什么。起初孩子会简单回答"因为有趣",此时,父母要继续提出诸如"你觉得哪个部分有趣""哪个人物有趣"或"哪些内容有趣"等具体问题,孩子则会具体地说出"我想变成主人公,去新的世界旅行"等理由。

在引导孩子阅读时,身边人的推荐或父母的判断固然重要,但请将焦点放在孩子身上。我们要了解哪些领域的书是孩子喜欢的。如果孩子喜欢与恐龙相关的书,我们就向孩子推荐有各种恐龙配图或主人公是恐龙的童话书。相较于那些远超孩子阅读水平的书籍,我们更倾向于推荐符合孩子阅读水平或略微难一点儿的书籍。如果向孩子推荐适合父母阅读水平的书,反倒会对孩子产生反作用。

阅读也需要脚踏实地,循序渐进才是正确的方法。

第一阶段:每个月去两次附近的图书馆

图书馆里有平时难以接触到的丰富书籍和影像资料。我们可以在图书馆里读到平时想读的书,大量阅读会进一步激发孩子的阅读兴趣。但是,如果孩子在图书馆里不看书,只关注视频,或对各类海报及零食更感兴趣,也请少安毋躁。只要父母在图书馆安心读书,孩子也会效仿的。图书馆将成人图书和儿童读物分开管理。儿童读物区有舒适的椅子和沙发，也提供躺着看书的空间。

图书馆图书出借时间通常为两周，读者可以通过网站主页申请延期，也可以通过主页了解免费电影和各种体验活动的相关信息。如果所需书籍处于出借状态，则可办理预约。预约的书籍返还时，图书馆会用短信通知预约者取书。

图书馆常年举办各种活动，每周末放映电影、举办各类讲座，且都是免费的。父母如果发现图书馆有可以和孩子一起参与的活动，可以征求孩子的意见后一起参加。这样做有助于孩子熟悉图书馆，拉近与书籍的距离，更加热衷于阅读。而且，图书馆晚上还会举办"儿童爱书活动""读后活动"等，去就近的图书馆咨询或在网站主页上就可马上确认。

阅读是最健康、最容易养成的习惯。就好比每天坚持运动是为了健康的生活一样。为了身心健康、为了灵活的头脑而坚持阅读、积极参与有趣的阅读活动，孩子就会拥有世界上最重要的习惯。

第二阶段：打造孩子的专属图书馆

最后一个阶段，让我们打造一个只属于孩子的图书馆。不必担心家中空间狭小，客厅或孩子卧室的一个角落足矣。为孩子提供自主打造图书馆的机会，让孩子感受到阅读带来的快乐和成就感。打造图书馆活动结束后，让我们制定一种基于图书馆使用次数的奖励机制，如"使用 10 次奖励一本新书或参与阅读体验活动"等。如果孩子因此获得了奖励，阅读效果就会事半功倍。

与孩子共同打造图书馆空间计划

让我们与孩子一起讨论打造图书馆计划吧！——需要什么东西？哪些书用何种方式加以分类？谁可以使用？多大空间？等等。制订具体计划并不容易，因此，只要制订出能引起孩子兴趣的简单计划即可进入下一阶段。

空间布置与图书分类

让我们与孩子一起在客厅或孩子房间一隅打造图书馆吧！两个小书架也能成为一个不错的图书馆。有两个书架的话，一个可以放未读的书，一个可以放已读的书。可以用孩子的画来装饰墙和地板。要有充足的时间和孩子一起画画、涂色，一起决定按尺寸大小还是按字母顺序摆放图书。最后，把图书馆的牌子挂在醒目的地方。

制定迷你图书馆使用规则

和孩子一起制定迷你图书馆的使用规则。每天使用的话，很可能会与父母的日程产生冲突，所以每周使用 1 ~ 2 次比较合适。时间也可灵活安排，不必拘泥于晚上八九点，父母和孩子共处的时间，抽出半个小时即可。如果无法遵守约定，孩子的热情就会大打折扣。写借书卡也好，给孩子读书也好，都应该在迷你图书馆里进行。每天使用图书馆的次数等事宜都要与孩子商量。在图书馆活动中，孩子通过管理图书馆的间接经验，可以进一步拉近与书籍的距离。

第三天：用游戏让孩子与书为友

第一阶段：接龙游戏

小学生都喜欢接龙游戏，教科书中也有这种游戏。规则很简单，譬如一方说出"父亲"时，另一方要用"亲"作为下一个词语的第一个字。这种游戏没有人不喜欢，孩子当然也不例外。如果与书籍相结合，可以做出很多种游戏。

笔者并不赞成小时候就接触决一胜负的游戏。因为经常玩有胜负的游戏，孩子肯定会产生好胜心。孩子如果从小就有太强的好胜心，在学校就会和同学因意见相左而发生争吵，或在学校分组比赛时，对落后的己方说很多过分的话。

孩子与父母你来我往，以 10 次接龙为目标，就是很好的活动。书籍接龙游戏既可以用书名，也可以用书里的内容。书多的家庭更适合用书名，书少的家庭更适合用书里的内容。

　　该活动适合在时间宽裕时进行，因为进行 10 次接龙后，就很难找到能接下去的书名或内容了，而重新找书或翻看会很吃力。但如果继续开展"提示卡片""家中找找""编童话故事"等活动，就能保持孩子的兴趣。

　　如果是爸爸和孩子做游戏，"提示卡片"则可以交由妈妈来做。妈妈提供写有词语的、帮助解开接龙字谜的"提示卡片"，卡片要一直给到答对为止。"家中找找"活动不是在书里，而是在家中寻找可以接下去的词语。譬如，可以根据家里的电视机、饭桌和冰箱等联想到接下去的词语。最后的"编童话故事"是孩子在接龙游戏中接不下去的时候，给孩子提议"我们直接编一本童话书来接龙"，尝试用"没有书咱们就编一本"的思维来解决问题。

　　让孩子感到，我编的童话书包含了可以完成接龙的单词，这多么有趣！

　　该活动自然可以延伸为分享读后感或表达想象力等活动，孩子通过这些活动可以产生小小的成就感。

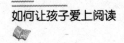

第二阶段：尝试卖书

最近，一些学校经常开展"二手市场""跳蚤市场"，孩子们可以将自己看过的书带来进行买卖。在活动中，孩子们对本不喜欢的领域的书也会产生兴趣。我们可以将这种活动进一步延伸至在家里进行。

第1步：挑三本想卖的书

让孩子从家里看过的书中，挑出三本他想卖掉的。这时候，让孩子自己决定挑书的标准，例如：父母读过的书、孩子自己读过很多次的书或者不想读的书等。标准确定后，再和孩子讨他是如何确定这些标准的。比买卖书籍更重要的是，通过沟通了解孩子为什么会有这种想法。如果孩子说出了自己的挑书理由，我们就可以进入下一步了。

第2步：进行单本拍卖

本阶段需要在三本书中挑一本进行拍卖。孩子在拍卖时要介绍书名和内容，也可以辅以肢体语言。看着孩子用尽各种方法把书卖给父母的样子，我们会感到小小的幸福。而且，每卖掉一本书，父母就要和孩子谈谈这本书之所以被卖出的原因。如果父母对孩子说

"因为你讲解得很生动，表达很出色"，孩子的兴趣会更大。

而剩下的两本应该由父母互相拍卖。如果孩子开始拍卖时感觉太难，爸妈率先垂范也未尝不是好办法。这样买了三本书后，全家人可以一起阅读。

第三阶段：阅读寻宝

最后的阶段是阅读寻宝。从拍卖会上拍得的三本书中，选择孩子最喜欢的一本。父母与孩子从书中各选两个句子，将它们誊写到纸上。孩子和妈妈躲到房间里，爸爸把写有六个句子的纸条藏在客厅里。藏好后，孩子和妈妈出来一起找。把找到的纸条按故事顺序排列，一起讨论是否符合故事发展的逻辑。最后打开书，确认顺序正确与否后，活动就可以结束了。

活动结束后，可以用所选的六个句子来创作自己的专属故事。把选出的六个句子按任意顺序排列。从爸爸开始，爸爸选择一个句子，用这个句子编一段故事。妈妈再选择一个句子，用这个句子接着爸爸的故事讲，孩子用同样的方法接着讲。重复前述过程，直至用六个句子创作出一个新故事。该活动对孩子了解故事脉络、记住书中内容和专心阅读等很有帮助。

第四天：边读边聊

第一阶段：用画册展开想象的翅膀

孩子固然喜欢读书，但更喜欢边读边聊天。如果在教室里给孩子读一本书，他们就会开始聊天。他们在阅读之余会纷纷冒出"我能比主人公变得更大""我也要像主人公一样""我也试过"之类的想法。让我们来了解一些能展现这种想象力的书吧！

聊一聊《驴小弟变石头》

故事始于一头叫西尔韦斯特的驴小弟，他在路上捡到一块魔法石。驴小弟非常高兴，想跟家人炫耀一番。回家路过草莓山的时候，他与一头饥饿的狮子相遇了。因为太害怕，他就跟魔法石说"把我变成石头吧"。变成石头的驴小弟就再也没法摸到魔法石了——请与孩子一起阅读结尾部分。最终，驴小弟在家人的关爱下又变了回来，就算是不用魔法石也没关系了。

我们可以在阅读后与孩子讨论"如果我拿到魔法石的话……"的问题。父母的想象与孩子的想象结合在一起，便会开启新的世界。活动过程中，最好是用图片或身体动作来表现想象的世界。

聊一聊《沼泽天使》

故事始于长大后个头比妈妈还高的安杰莉卡，她的名字也很有意思——安杰莉卡·朗莱德①。作者就这样用荒诞不经又可爱的假话展开了故事，还描写了安杰莉卡成长为田纳西州最强猎手的有趣过程。

读完第一页后，父母应该和孩子讨论"如果我是世上个子最高的人……"，然后接着用"安杰莉卡都做了什么"来想象结尾部分。最后读完全书时，再一起聊聊书中最有趣的地方。

① 英语原文是 Angelica Long rider。Angelica 意为"天使般的"，而 long rider 有"狩猎骑手"之意。——译者注

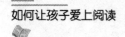

第二阶段：创建家庭读书公告板

第1步：充分利用家庭公告板

在一般家庭里，孩子都会把家庭通知搁在饭桌上，或者等父母回来后直接递交给父母。父母下班回家看到通知后，会帮孩子整理相应的物品。但孩子经常因为将通知落在书包里或忘记放到桌上而受到严厉指责。如果做一个家庭公告板，就能解决此类问题。

家庭公告板是一个与孩子增进交流的契机。小学低年级的孩子由于无法照顾自己，通常倾向于倚靠父母。此时，应该让孩子自己完成准备学习用品和作业的任务。和父母确认后，可以在家庭公告板上写下有待解决的问题。孩子经过家庭公告板时，就会看到并想到自己要做的事情，这样能避免因未完成作业和准备物品而在学校挨批评，也可以减少被父母斥责的次数。如此一来，孩子在家里和学校就会得到更多的表扬了。

第2步：充分利用家庭读书公告板

将上述家庭公告板和阅读联系起来，效果也不错。父母和孩子可以在家庭公告板上各自写下读过的书中难忘的书名、段落，或者画一幅图，也可以贴上难忘的句子和图片。这种事情每周酌情进行一两次即可。

父母可以写出给孩子读过的童话书书名和印象深刻的内容，孩子看见后，也会产生自己写的想法。孩子把写好的东西贴在公告板上后，父母可以接着继续写。不断重复这一过程，公告板便会在不知不觉中被贴满。之后，全家人可以就这些内容来开展各种丰富的活动。

三四年级是喜欢看名人传记的时期，所以抄写名人传记中的名言对孩子也很有益处。孩子会受名人生平的影响，试图加以模仿。应该让孩子阅读符合其阅读水平的各类名人传记。公告板活动的优点是，可以酌情为孩子推荐各种题材的书籍。让我们把家庭读书公告板置于客厅书架附近醒目的地方，一家人每天都能看到。

第三阶段：制作家庭读书报

我们常听说有"家庭报纸"，但未必知道"家庭读书报"。家庭报纸主要用来简述家中消息，内容主要包括家人"此前做过的事、正在做的事和特别的事"等。我们可以此为模板来制作家庭读书报。

第1步：拟定报头

报头要体现出家庭特色。最好包含诸如"书中成长一家人""茁壮成长的××读书之家"等与阅读相关的内容。如果报头难以定夺，也可从家里藏书中选取孩子喜爱的书名加以变形。譬如孩子最近读过《邻家的鬼婆婆》，不妨改作"我家的读书人"。

第2步：版面构成

拟好报头后，我们就来安排每页上的内容，列出大体框架。在此活动中，如果设计太多的版面，会很累人。该活动的目的之一是通过小小的成就来培养孩子的自尊心。我们可以将8开纸四等分，共设四个章节，这样能很快完成。在四部分中，第一部分通常展示报头、家庭成员及其特点等，其余部分展示家人各自与读书相关的内容或想说的话。

第3步：撰写内容

让我们和孩子一同撰写内容吧！现在我们要写3版和读书有关的内容。笔者推荐的方法是，父母和孩子各自承担一个版面。内容可以自由撰写，如"已读图书介绍""想推荐的图书""读后想去旅行的地方""想读的书"等。如果写起来比较难，也可以用图片来代替。

第 4 步：最终完成

通过上述 3 个步骤完成的家庭报纸，全家人可以一起读。读完报纸后，也要重新读一下上面介绍的各种书籍。围绕这些书，可以接着进行"家庭旅行计划""家庭读书计划""读报后制定家庭约定"等活动。家庭读书报的重点在于，全家人要齐心协力，要进行充分沟通。这些步骤对孩子的情绪稳定和表达自身意见的能力都能有积极作用。填满自己承担的版面的过程，会提高孩子的写作和绘画能力、理解父母的文章的能力。

第五天：用眼看，大声读

第一阶段：用心阅读

你用心读书吗？你可能会觉得这个问题有点奇怪。当我们读一本书时，我们是用眼睛看文字，用心去理解它。那么用心阅读是什么意思呢？看书的时候，用眼睛看文字，用大脑去理解，用嘴把想记住的部分重复念很多遍，把想再看的句子用笔抄录下来。这就是用心阅读。

那么，孩子会如何做呢？孩子尚不熟悉这一过程。对孩子来说，"用眼看文字、用大脑理解"很可能仅止于用眼睛看见文字而已，并不能理解，甚至很可能满眼文字都如同蚯蚓爬的天书。

"用心阅读"需要充分的心理准备。每个人读书后都会有所启发。如果说我们通过读书会获得一种感悟的话，那么孩子可以通过看童话书获得 10 多种有趣的、印象深刻的场面。如果孩子对文字或图片只是走马观花,他头脑中的新感悟就会稍纵即逝。因此,要用眼看,再在脑中理解一遍,然后反复回味。这种方法可以培养孩子阅读的投入度和专注力。

例如,看完"丛林之王狮子让猴子把香蕉拿过来"这个句子后,要在脑中重新逐字去读"丛""林""之""王"……这一过程有何意义呢?单纯读一遍文字的方式并未给思考留有余地,尤其是孩子的阅读速度通常很快。

低年级的孩子很难自己去回顾内容,也很少自己去探究。因此,通过在脑海中逐字逐句的阅读,可以为孩子提供一个自然地回顾内容的机会,从而对书有更深入的理解和思考。父母和孩子一起读书后,一定要用心地逐字逐句再读一遍。

第二阶段:出声朗读

本阶段是孩子用眼睛看书、用嘴巴朗读的阶段。到目前为止,我们已经谈了很多为孩子朗读、倾听和阅读的重要性。这个阶段前面已提到过一次,但本阶段是为孩子提供独自出声朗读的机会。用嘴出声朗读有助于理解书的内容。那么,为什么要练习出声朗读呢?

首先，培养孩子在学校上课时的自信心。教科书中收录了很多童话、图画和文章。在学校，需要孩子站在同学面前朗读的活动很多，如在同学面前读课本或在课堂上念自己写的东西等。平时经常出声朗读的孩子参与此类活动时会更有自信。

实际上，在低年级的语文课上，缺乏自信的孩子表现得很消极。低年级是适应学校——这一新场合的时期。如果孩子在进校初期就丧失了上课的积极性，他在小学六年里就会缺乏自信。平时坚持让孩子给父母朗读，会让孩子对阅读充满自信。

其次，可以细致地阅读。有的孩子不到 5 分钟就能读完一本书。阅读速度快可能是因为理解能力强，但大部分孩子是因为思考不深入，大致看一下图片和文章就跳过去了。

出声朗读比用眼读需要更多的时间。练习出声朗读，还能够进一步思考文字的正确的发音和含义。

第三阶段：边写边读

拿破仑是诸多爱书名人中的一员。据说拿破仑精读各种书籍时，一定会留下笔记。而且每当有需要时，他就会掏出便笺重新思索。为什么看了书之后要留下记录呢？是为了通过书籍来回想自己当时的感受。看到整理的笔记，我们自然会联想到书中的内容，具有重新阅读之效。如果孩子具备了一定的写作能力，父母也可以让孩子试试"边写边读"的方法。具体方法有"荧光笔涂色""书签活动"等。

孩子可以一边阅读，一边用荧光笔涂抹有趣的部分或令人难忘的部分。但初次阅读要在同父母开展过各种活动后进行。孩子独自阅读时，请让孩子用荧光笔涂色，或将难忘之处写在书签上。最后，孩子要生动地向父母说明书的内容。

该活动对孩子日后的学习也有很大帮助。虽然班主任的教育观各不相同，但大部分小学会为小学三四年级的学生传授笔记整理法。会做读书笔记的孩子和不会做读书笔记的孩子差异很大。平时写东西的孩子会在学校用的"学习笔记"（将当天所学内容按科目简要概括核心的笔记）上简要总结当天所学内容的主题。一个擅长整理笔记的孩子，日后很可能学习成绩也不错。到了高年级时，需要整理社会、英语、数学等错题笔记，平时进行过很多写作训练的孩子，就能很轻松地进行笔记整理。

第六天：通过提问和对话来增进理解

第一阶段：书籍交流法

小学一年级孩子的注意力通常不会持续超过 10 分钟，因此，父母在回答孩子的问题时，要尽可能简洁明了。为了激发孩子的好奇心，引导他独立思考，父母可以对他的问题只给出部分答案。当孩子问"人为什么会死"时，父母可以简短地回答"所有生物老了以后都会死"来引发进一步深入交流，而不是以关于生死的哲学作答。即便是成人眼中毫无意义的行为，只要孩子表现得很专注，父母就不能放任不管，这是为了孩子的成长。有些问题在我们看来似乎微不足道，在孩子看来却是一定要解决的课题。对于这些问题，只要不违反规范，就应该予以关注并作答。所有的学习都带着好奇心，如果没有这类好奇心，人类也不会像现在这样过着便利的生活。"电脑为什么摆在书桌上""吸尘器为什么非得有线"等问题就是促使我们的文明发展的动力。

孩子小时候会问很多问题，世间的一切对孩子来说都是新鲜事物。眼前的东西如此神奇，孩子会试着摸一摸、闻一闻，或者放到嘴里尝一尝。从这时起，父母一定不要疏于同孩子交流。大多数在小学阶段擅长讨论和辩论的孩子，都是在与父母关系融洽、经常沟通的家庭中成长起来的。

"别问了！""妈妈累了！""去问你爸！"，这样的回答会令孩子失望，并导致其对提问有愧疚感。当父母难以回答孩子的问题时可以说："是啊，让我女儿想一想，然后说说为什么会那样，好吗？"或者"爸爸现在有点儿忙，再等 5 分钟好不好？"这样的交流既有助于了解孩子的心情，还维持了他们学习的动机，正是我们所需要的。

很多父母都会询问一年级班主任该给孩子读多长时间的书。事实上，在学校里给孩子读两三本书并非易事，在家就更难了。但笔者想要说的是，给孩子读书这件事，一定要等到孩子想停阅读为止。

在一年级的孩子中，阅读速度快的孩子完全可以自己读书。那么，他们为什么还要父母给自己读书，甚至一起读呢？因为孩子想同父母在一起，与父母一起想象，一起交谈。孩子会一边听着书的内容一边想象，同时在头脑中将其加工成专属于自己的新故事。

相反，一年级中那些比较消极，与父母有隔阂，或者害怕父母的孩子是不会要求父母为自己读书的。

从小积累的归属感会伴随人的终生。如果孩子与父母关系不好，那么父母上了年纪后，这种关系也不会得到改善。

与孩子一同读书时，让我们通过下列问题来加深关系和增强阅读效果吧！

第1步：围绕封面提问

· 封面是什么颜色的？

· 封面上有什么人物（动物）？

· 人物（动物）有什么特征？

· 人物（动物）在做什么？

· 为什么这样画呢？

· 我们能不能通过图片想出书里的内容呢？

第2步：解释上下文的提问

· 图中人物（动物）会有什么情感？

· 人物（动物）遇到了什么困难？

·通过人物（动物）的言行来判断，他（它）的性格是什么样的？

·人物（动物）为什么要那样做呢？

·人物（动物）以后会如何呢？

第3步：让书与孩子的生活相连

·你也有类似的经历吗？

·如果是你，你会怎么做？

·如果能进入书里，你想发挥什么作用呢？

·你从书中学到了什么？

·主人公为什么会那样说／那样做呢？

第4步：培养心性

·你想对书里的人说点儿什么？

·你不喜欢哪个人物（动物）？想对他（它）说些什么？

·你喜欢哪一个人物（动物）？理由是什么？

·如果成为故事中的人物（动物），你有什么必须要去做的呢？

·你在阅读后有什么感想？

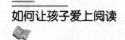

第二阶段：读书分享时的注意事项

不要评价孩子的想法和感受

评价孩子读完书后的想法和感受是错误的，这样做会限制孩子的想象力和降低孩子对书的兴趣。用"为什么那样想呢""如果是其他情况该怎么做呢"之类的问题将孩子的想法引入正确的方向远比"那样想可不行"好得多。

如果孩子读了《吃书的狐狸》后说"我也要去图书馆偷书"，父母该如何回应呢？与其说"不行"，不如试着问孩子"要是爸爸在便利店偷了东西会怎样呢"。

从孩子的回答中可以洞察孩子的心理。比如，孩子到底是畏惧多一些，还是有过度的攻击倾向？如果能由此将对孩子心理的把握与家人间的互动联系起来，家庭氛围就会更加和睦。

不要强迫孩子作答

孩子的喜好（性格）不同，有时很难表达自身的想法。如果父母强迫孩子就读书的感受作答，反而会导致不良后果。要顺其自然地进行阅读后的交流。有时候孩子也会没有答案，他们需要时间去深思。让我们每天至少抽出 10 分钟来等待孩子的答案吧！

减少"好""坏"之类的评判

尽可能减少"好""坏"之类的评判和类似的形容词。如果父母在日常生活和阅读交流中过多使用这类表达，也会使孩子在潜移默化中倾向于评判其他人。在阅读交流中，孩子会经常用"善良""坏""勇敢"等词语来评判书中的人或动物。这时，如果父母用"为什么会这样呢""为什么那样做呢"等问题与孩子进行沟通，慢慢地孩子就不会再用"好""坏"等来表述了，转而会在深入思考中成长。

第七天：通过亲身体验，全身心地阅读

第一阶段：各种场合下的阅读体验

你是否尝试过在各类场合读书呢？智能手机普及前，我们经常在地铁和公交车上看到有人在读书，那景象再熟悉不过了。但不过十余年后的今天，无论是地铁里还是公交车上，人们都目不转睛地盯着智能手机。书一定要坐在书桌前来读吗？

据说古罗马时代的上流阶级就把床用作吃饭和读书的空间。阅读可以按照规定的时间完成，但一般对于成年人来说，阅读是在完成自己的所有工作后，在零碎时间进行的活动。孩子们也很难每天读书超过一个小时。因为既要做作业，又要和朋友玩，还要玩智能手机。那么，我们何不来试试碎片阅读呢？

在学校参加阅读活动时，每个孩子的阅读姿势都不一样，有趴在地上读的，有站着读的，还有用标准姿势读的。应当允许孩子在家里任何地方看书，只要不致影响视力就行。有的孩子喜欢在安静的环境中读书，有的孩子在噪声中更能集中注意力。

　　只要身边有书，在家之外的其他场合也能树立孩子对阅读的积极看法。我们可以带上一本孩子喜欢的书去公园，和孩子开心玩耍、一起看书。在孩子的记忆中，阅读会成为一项愉快的活动。孩子无论是去奶奶家，去游乐场，还是去同学家，都可以带上一本书。孩子和书很亲近，无论去哪里都可以带着书，这一事实可以让我们的孩子在读书时不会觉得无聊，而是觉得有趣，觉得在哪里都可以读书。

第二阶段：自己成为一名作家

　　本阶段的活动是自己成为作家。

　　首先是照原样转录一本童话书。选择一本您孩子最喜欢的书，让他们照原样写或画。"因为只有把书的内容照原样抄写，句子才会变成自己的。"事实上，大多数有抱负当作家的人都会按原样誊抄别人的作品。用眼睛看文字只会在脑海中产生各种想象，但抄写它是发挥想象力并让文字成为自己的文字的过程。作为写作能力基础的活动就是童话书的抄写。但从一开始就过度要求会给孩子带来负担。起初，可以从孩子最喜欢的句子开始，一页两页地逐渐增加。

其次，让孩子想象并创作后续故事。这一步围绕系列图书展开效果更佳。笔者曾在一年级课堂上围绕《吃书的狐狸》一书进行过这一活动。在开展这一活动时，要尽可能选择包含两篇故事的系列图书。孩子在读完第一篇故事后创作后续故事时，很难达到童话书的篇幅。因此，在小一点的纸上画图和展示想象内容后，再一起阅读第二篇故事，这样孩子会更有兴趣。

最后，让孩子通过更换主人公来创作新的故事。孩子一开始可能不知道如何切入，父母可以让孩子先把主人公换成自己。孩子起初创作的故事和手头的童话书不会有太大出入。接下来可以让他把主人公换成熟悉的动物，之后再换成周围的人。这种更换主人公的活动可以拓展孩子的思维框架，扩大其观察世界的视野。

写作很能展现一个人的能力和资历。如今，小学日常测验和考试逐渐弃用客观题，转而采用简答题。这种答题方式会一直持续到初中和高中，高考中还会有论述题。到了大学毕业，找工作时需要写个人简历；职场上很多工作都需要写作能力，如"新产品策划"和"会议资料"等。

让我们用上述三个步骤来培养孩子的写作能力吧！

第三阶段：读书后体验学习

你是否有读完书后再去进行相应体验学习的经历？有机会的话，不要只在家中读书，要出去实际体验一下。这样我们可以进一步拓展孩子对书籍的想法和感受，激发出他对阅读的兴趣，使他成为热衷于读书的孩子。有机会的话，可以打开地图，画出阅读体验活动去过的地方，制作属于孩子自己的读书地图。

如果孩子读过《我的首本恐龙大惊奇》，就与他一起去寻找恐龙吧！全国各地有许多有关恐龙的博物馆。如西大门自然史博物馆、韩国国立果川科学馆、固城恐龙博物馆、渼湖博物馆等，还有位于南杨州德沼的德沼自然史博物馆。

让我们和孩子一起读《动物特工队》《森林钢琴》《动物园？图书馆？》，读完书，带孩子去动物园体验式学习吧！动身之前，要先了解一下目标地点，这和盲目去很不一样，因为了解多少才能看见多少。孩子如果亲眼看到从书中读到的东西，会有更强烈的阅读兴趣，这也是很好的体验学习的过程。

从与环境相关的书切入的话，也有很多可聊的话题。读过《对不起，我的滩涂》后，就去西海岸旅行，读过《今天的足球也难踢》后，可以聊一聊雾霾问题。

　　如果没有特定主题，只是想与孩子通过阅读去旅行，就可以读一读《社区转一圈儿》《蜜蜂玛雅历险记》《飞向天空的蜘蛛》《你是谁》，然后与孩子一起制订体验学习计划。同孩子一起制订计划的过程能培养孩子的沟通能力、责任感和爱心，对孩子来说也是极佳的经历。

　　我们经常在电视等大众媒体上看到这样的故事：癌症患者回归自然后痊愈。大自然会自我恢复，也会治愈我们的心灵。在大树下、在阴凉的公园长椅上、在凉爽的溪畔与父母一起读书，会给孩子留下幸福的回忆。

　　相较于阅读一般书籍，阅读经典作品既能扩大词汇量，也能有效地提高各种能力，如类推能力、专注力，特别是逻辑思维能力。常读经典作品的孩子，逻辑思维能力能够得到惊人的提升。

第五章

和孩子一起的
读后活动实践篇

谓学不暇者，虽暇亦不能学矣。

————《淮南子》

根据推荐图书与爸爸妈妈一起进行的活动

"小星妈妈，你家小星读过这本书吗？听说隔壁的多利就读过这本书。"

"真的吗？我给儿子买了一套全集，他每天都在抱着看呢。"

"这本书也可以看一看，据说孩子读了效果非常好。"

"是吗？今天回家之后和小星一起读一下。"

这是小学一年级孩子的父母之间的对话。所有人都知道读书的重要性和好处。但是，我们不可能盲目地把市面上的所有图书都读一遍。在信息和宣传泛滥的时代，很多父母都在思考以何种方式读书比较好。

在这里，我将严格筛选适合父母和孩子一起读的书，并介绍父母与孩子可以一起开展的一些活动。

和孩子一起进行读书活动，有什么好处呢？据说，参与某项活动时，如果只是听，将有 5% 的内容留在记忆中；如果只是读，将有 10% 的内容留在记忆中。如图 5.1 金字塔所示，按照听和看、演示、集体讨论、练习、教等顺序，记忆留存率越来越高。特别是把学到的内容教给朋友或父母等人时，记忆留存率将高达 90%。正因如此，我们需要和孩子一起读书。在一起读书的过程中，孩子最后要向父母复述书的内容，这才是最高效的记忆方法。

被动的学习方法 参与性的学习方法	听课 阅读 听和看 演示 集体讨论 练习 教

图 5.1 各类活动的平均记忆留存率

来源：National Training Laborationes, Bethel, Maine

孩子如果对读书产生了兴趣，就会自己找书来读。接下来，让我们了解一下能帮助孩子产生阅读兴趣的一些活动。

146

培养自尊感

《小狗便便》（【韩】权正生　著）

孩子和大人一样，有时会因为孤独或自认为很无用而内心疲惫、忧郁。让我们想一想，被认为毫无用处的狗屎是否真的毫无用处？它能发挥什么作用吗？狗屎度过了困难且辛苦的时期。虽然自尊感下降，但最终为了让美丽的蒲公英绽放而成为肥料，献出了自己的生命。这告诉我们，世界上的所有存在都是有价值的，而且爱具有强大的力量。

孩子们会沉浸在关于狗屎的故事中，兴趣盎然。从兴趣出发，让孩子自己树立"你是珍贵的存在""你的朋友也是珍贵的存在，所以要爱护他们""让我们以发现美的眼睛看待周围的一切"等正面价值观。这是一本能够开展各种活动，进行美德教育的好书。

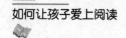

和孩子一起开展的活动

与孩子的经历进行关联

当学习内容与自己有关时，孩子的兴趣通常会增强。我们可以尝试从孩子在路上看到狗屎或其他动物粪便的经历开始谈起。孩子会因此产生浓厚的兴趣并愿意进行讨论。这时，父母要很自然地告诉孩子"有人看到路上的狗屎后写了一本书"，然后引导孩子一起读这本书，这样孩子会对其产生亲切感。

就"小狗便便"这个书名，想象书中内容

只看封面上的书名和图画，和孩子一起想象书中会是什么内容。在与孩子的互动中，一定要问"为什么这么想"。如果想象的内容和书中内容相同，孩子的思考能力就会进一步提升；如果不同，可以问孩子"为什么不一样"，给孩子思考这个问题的时间，以提升孩子的创造力。

自己动手绘制图画

可以和孩子一起进行的最简单有效的活动是，尝试自己动手，把书中的内容画成图，如画出书中出现的狗屎、蒲公英、麻雀等。

这项活动虽然非常简单，但孩子会喜欢。读完书后，再将自己的各种想法变成一个个小成果，这对孩子的大脑发育有很大的帮助——不仅可以提升用绘画形式呈现所读内容的能力，通过回顾书中内容增强记忆力，也能提高阅读专注力。

画龙点睛

哪怕听再好的演讲，如果不认真记笔记，我们也无法记住。最后拿到手里的只有几张照片和最终结果，而且往往只记得那些实践过的内容。孩子也是，边体验边学习的话，学习效果会更好。先尽量想象一下学习内容再着手学习的话，孩子会有完全不同的反应。如果继续保持这种反应，孩子就会不知不觉成为能说会道的小演说家。

这样的活动有利于促进父母和孩子的交流，培养孩子的安全感。特别是通过这样的对话，孩子可以毫无顾忌地表达自己的想法，从而获得自信，在上课发言时或集体活动上，成为可以尽情表达自己意见的孩子。

因朋友关系苦恼时

《黄雨伞》(【韩】柳在守　著)

幼儿园里有各式各样的椅子，室内环境也被布置得五颜六色，一群小朋友可以聚在一起玩耍。孩子从这样的幼儿园升入小学后，要面对黑色的椅子和暗色的黑板，还要和很多孩子生活在一起。大部分新入学的孩子看似适应得很好，但内心却充满了不安。这时候，家长也有很多担忧，担心孩子是否适应学校生活，能否与朋友和睦相处等。

这本书只有图画，没有文字。第一页，一个打着黄雨伞的孩子独自站着。这个孩子去上学时，看到五颜六色的雨伞渐渐聚集在一起，最后所有雨伞插在雨伞架上，故事就此结束。

和孩子一起进行的活动

边听音乐 CD 边读书

听着这本书附带的音乐 CD，聊一聊有关这本书的一些话题。因为绘本上没有文字，不如和孩子分享一下下面的问题吧。首先，聆听随附的 CD，与孩子一起沉浸在绘本的世界中，然后试着问一下下面的 6 个问题，与孩子进行亲密的对话。这样可以了解到平时不甚了解的孩子的学校生活或内心想法。

·我们的小 ×× 打着黄雨伞去上学。为什么是打黄色雨伞呢？

·他遇到了打着其他颜色雨伞的朋友。这位小朋友是谁？他是怎样的小朋友？

·为什么称这位小朋友为绿色雨伞呢？

·小朋友把雨伞插在雨伞架上之后，都在做什么？

·我们的小 ×× 去学校后，先要做什么？

·今天有什么印象深刻的事情吗？

放飞想象力

《吃书的狐狸》（【德】弗朗齐斯卡·比尔曼　著）

狐狸先生非常喜欢书，他总是先把书从头读到尾，然后在书上撒一点儿盐和胡椒粉，再一页一页地吃到肚子里去。而买书总是要花很多钱，他那点儿可怜的积蓄很快就花光了，于是他就去充满诱人的书香的图书馆偷书吃。结果被图书馆的管理员发现并报了警，狐狸被关进了监狱。在监狱里，一个很偶然的机会，狐狸以之前吃过的书为基础进行写作，成了著名的作家。

这本书是小学生"全文阅读图书"推荐书目中的一本，值得阅读。孩子会对狐狸吃书的内容感到新奇，很快就会迷上书中的图画和内容。图画中多少有些夸张的表情和动作会让孩子感受到阅读的乐趣。而且，关于"读书"的主题，可以引导孩子对读书产生兴趣。

对一年级的小孩来说，《吃书的狐狸》的篇幅有点儿长，读起来会有压力，但阅读此书有助于学习拟声词、拟态词以及理解情节的展开。而且这本书很容易激发孩子的兴趣，父母和孩子一起读完全没有问题。

父母可以尝试和孩子一起做以下活动。通过以下活动，孩子会把自己当作狐狸，沉浸在作品中。孩子对这本书很感兴趣的话，可以通过其他书籍了解关于狐狸的一些常识，也可以因为对《吃书的狐狸》第二部满怀期待而展开想象的翅膀。

和孩子一起进行的活动

听书名想象内容

·狐狸吃的是什么？书名为什么是"吃书的狐狸"？

·狐狸为什么会吃书？

·小××也有想吃书的时候吗？

狐狸采访记

提前准备好几个提问，模拟采访现场，让孩子充当记者，试着向狐狸叔叔进行提问。家长则扮演狐狸，接受采访。采访结束后，还可以互换记者和狐狸叔叔的角色进行第二次采访。这时，如果准备一些狐狸面具、麦克风模型等道具，可以让采访现场更加逼真，效果会更好。

我是 ×× 的话，会怎么做

情况①：如果我是狐狸，肚子饿，没有书吃也没有钱，我该怎么办？

情况②：如果我是图书管理员，发现狐狸因为肚子饿而吃书的时候，我会怎么做？

情况③：如果我是狱警，狐狸要纸和笔的时候，我会怎么做？

情况④：如果狐狸没有成为畅销书作家的话，会成为什么呢？

想象后续的故事

"如果《吃书的狐狸》有第二部，请小 ×× 想象一下第二部的内容是什么？"给孩子提出这样的问题，然后让他想象并创作后续的故事。如果孩子觉得有困难，可以试着问他以下三个问题：

·狐狸虽然成了畅销书作家，但因为吃了太多的书，肚子一直是鼓起来的，他该怎么办？

· 狐狸变得太有名了。出名之后会发生什么事情呢？

· 狐狸一直在吃书，他要吃到什么时候呢？

*《吃书的狐狸》第二部中狐狸先生成了知名作家。夏天，他忙着为新书收集点子，秋天他着手整理素材和物品，冬天则埋头写作。直到有一天，狐狸先生成了盗窃案的受害者——他所有的点子都被偷了！线索指向下水道深处一个不为人知的区域……

控制暴躁的情绪

《杰瑞的冷静太空》(【美】简·尼尔森　著)

这是一本为父母和孩子准备的"正面管教"绘本,也是一本向孩子介绍情绪调节方法的书。最近"愤怒调节障碍"这个词突然被广泛使用。作为大人的我们也不容易控制怒火,但时常发怒之后又后悔。这正是一本教我们认识自我和接受这种愤怒,帮助我们积极平息和表达愤怒的书。

杰瑞发脾气,踢了餐桌腿一脚。"嗷!"杰瑞哭了起来,因为这一脚让他的腿疼得厉害!这时杰瑞的妈妈不是生气或唠叨,而是伸开双臂紧紧抱住他,让他按照妈妈教他的方法深呼吸。等孩子平静下来后,她看着孩子的眼睛说:"你生气的时候,有什么方法能使自己平静下来呢?妈妈有个主意,你想听吗?"妈妈帮杰瑞建造了一个叫作"冷静的太空"的地方，供杰瑞生气的时候在那里待着。"冷静的太空"虽说是杰瑞跟父母一起商量建的，但实际是杰瑞自己动手建造的。

这件事说起来容易，做起来难。最近一些学校里正在尝试开展"美德工程"（Virtue Project）。"美德工程"指的是孩子的内心都有52个未经打磨的美德原石，将这些原石唤醒、打磨、抛光，就能成为宝石。这是一项通过多种美德活动，打磨原石，打造钻石，让美德绽放光彩的工程。

家长为此能做些什么呢？可以试着开展和孩子一起写出52种美德、交流情感、沐浴美德等各种活动。作为"美德工程"的开始，家长可以将52种美德写在漂亮的纸上，跟孩子一起阅读。

另一种方法是，尝试进行"以我开头表达法"。说话时如果以"我"开头，表达的思想就会更加沉稳和理智。作为父母的"我"如果只怪罪作为"你"的子女，那么孩子也会成为只会怪罪别人的孩子。比起"我"，如果用"你"作为开始说话，就会伤彼此的感情或者让对方感受到被鄙视。

遇到孩子犯错或者父母火冒三丈的时候，不要说："你在干什么？""你是像谁才会这样？""你怎么又和上次一样？""你真的该挨训了！"而应该说"现在小××做的事情让妈妈（爸爸）很伤心，你怎么想？""你这么做，会让妈妈（爸爸）怎么想？"等。

读完书后，如果能和孩子一起开展"冷静的太空"活动，就能帮助孩子更好地度过小学生活。这本书还为家长提供了一些具体的小提示。

和孩子一起进行的活动

有时需要静静等待孩子冷静下来

孩子因为生气而什么话都不说或者做出一些越轨行为时，父母与其对他大声喊叫或发火，不如给他一点儿时间，等他冷静下来。但是，父母的视线不能离开孩子，要用温暖而坚定的眼神静静地注视着孩子。

要求孩子改正错误行为前，与孩子开诚布公

即使孩子知道自己的行为是不对的，但如果是在挨训的状态下，孩子也不会敞开心扉。家长费力劝诫的话，终究是左耳进右耳出。为了让孩子敞开心扉，要跟孩子进行温柔的身体接触。

要给予孩子认同

在指出孩子的错误之前，请先体谅一下孩子的情感。用"你因为什么事生气了？""你很难过是吧？"等话语对孩子的感情给予认同。有过被认同经历的孩子，长大后同样会对其他人和事给予认同。

要正面指出孩子的错误行为

情感没有对错，但行为是有对错的。要正面告诉孩子，不端正的行为会给周围人造成伤害，或者会使自己产生自责情绪。要告诉孩子，为了控制情绪，"暂停时间"也是有必要的。

设定"暂停时间"

设定"暂停时间"，可以让激烈的情感降温，进而稳定情绪。要告诉孩子，在生气和伤心的时候，首先要镇定情感，恢复情绪。告诉孩子，遇到令他生气的事时，可以和父母一起思考解决办法。如果孩子说不知道该怎么办时，父母可以提议设定"暂停时间"。可以和孩子一起商议确定"暂停"的具体地点和时间。通过这个活动，孩子可以学会有智慧地解决问题，而不是爆发怒火。同时，跟孩子一起建造可以实践"暂停时间"的"冷静的太空"空间。

培养关爱之心

《我是彩虹鱼》(【瑞士】马克斯·菲斯特 著)

故事讲的是一条彩虹鱼因为不愿分享自己的闪光鳞片而被孤立,后来受章鱼奶奶启发,将鳞片分享给其他鱼后才与大家变得其乐融融。如果认为朋友比自己差,只想独自拥有好的东西,最终自己也会遇到心理上的困扰。分享自己的东西和关怀朋友的时候才会感受到幸福和快乐。

这本书有助于使以自我为中心的孩子,转变为关心周围人的孩子;会让孩子意识到,虽然自己很重要,但建立与周围的人的关系也很重要;能让孩子们体会和感受到分享的喜悦。

下列活动将需要较长时间。定好时间或在周末进行比较好。其实,只要在网上搜索一下,就能找到很多种活动,和孩子一起进行其他活动也很好。

和孩子一起进行的活动

制作鱼的形象并展示出来

在图画纸上画鱼或将彩纸折叠成鱼的样子。用彩纸折鱼时，把漂亮的鳞片也贴上去。最好使用签字笔或亮片贴纸。然后在阳光充足的客厅里展示用透明膜封起来的作品，并一起欣赏。一个巨大的水族馆就诞生了。

· 将彩纸折成鱼后贴上漂亮的鱼鳞

· 父母帮着在图纸上画鱼

· 在透明膜上用签字笔画彩虹鱼，然后贴在窗户上展示

共情接力

家人一起动手制作鱼的形象，并互相赞扬。互相给对方画鱼，并且称赞对方的鱼，孩子的正面情绪将因此得到培养。鳞片可以用亮片贴纸或孩子喜欢的贴纸来做。《我是彩虹鱼》是一部系列绘本，是了解友情、信任、爱情等多种美德的好书。

· 制作家人称赞的小鱼

· 从彩虹鱼、蓝色小鱼的角度进行思考和谈话

· 给彩虹鱼贴上一个小鳞片后，彩虹鱼的心情会变得微妙，聊一聊为什么

· 给彩虹鱼贴上最后一个鳞片时，彩虹鱼的心情是怎样的

出发吧，向着新世界！

《长颈鹿与大海》（【韩】朴永周　著）①

　　《长颈鹿与大海》将主人公的样子依次扩展至点、线、面、体，是刺激孩子想象力和创造力的绘本。飘浮在宇宙中的白色纸张被点上一个黑色的"点"，故事由此开始。点在纸张上成为线，成为面，最终成为长颈鹿，成为纸张的朋友，它们为了寻找星星，一起向着"宇宙的尽头"前进。在这个过程中，它们遇到了雨，三者组成了一个小团队，为实现看星星的梦想而共同努力。随着故事的展开，内容也逐渐具体化。总的来说，书的内容有助于培养孩子的想象力。

　　另外，纸张和长颈鹿、大海彼此成为朋友，相互理解，克服危

---

① 暂无中文版，书名和作者姓名系拙译。——译者注

机的故事有助于培养孩子在学校里维持朋友关系的社交能力。这与在学校进行集体活动或和朋友一起玩时，先制定规则再一起玩耍的情景很像。作品中的主人公在冒险中哭着或笑着表达各种感情时，可以自然地进行共情和表达。

和孩子一起进行的活动

围绕书的内容展开对话

围绕书的结构和色彩的变化，从那个点开始，到长颈鹿与周围朋友齐心协力克服危机的过程，对孩子的情绪稳定和想象力培养有很大的帮助。读完书后，向孩子提各种问题并进行对话。特别是以下 5 个问题，不仅有助于孩子理解书的内容，还有助于培养孩子的想象力。

· 长颈鹿最初是什么？然后是怎么逐渐变化的？

· 书中有趣的部分是哪里？理由是什么？

· 最开始没有涂色，后来为什么涂色了？

· 长颈鹿是怎样克服危机的？谁帮了忙？

· 你有像长颈鹿一样的梦想吗？

为书籍制作广告画

设想一下，让孩子在书店卖书的话，他会制作什么样的广告？父母和孩子可以以此为主题进行对话。孩子会最先想起书的情节，还会思考怎么做才能让读者对书感兴趣。这个活动一开始不太容易做，但它是培养孩子"元认知"能力的基础。读完书后再向其他朋友介绍书的内容，这一活动可以让孩子回顾自己的思考过程，并以完全不同的方式进行表达。可以利用多种材料来制作漂亮的广告。

用各种形式写读书日记

我们经常遇到这样的情况：看完了书，但完全记不起来书的内容，或者记得有一句触动心灵的句子，但想不起它来自哪本书。我们通过五感接受并收集外部世界的信息。大脑通过多种方法将信息存储在短期记忆中，然后通过各种强化方法将其转移到长期记忆中。短期记忆会随着时间的逝去而消失，要想将短期记忆变成长期记忆，需要采取集中注意力、不断练习、反复记忆、组块化、精巧化等多种措施。尝试把短期记忆变成长期记忆时，如果你有背景知识，整个过程会更加容易（见图5.2）。

（注意力集中）（知觉）（演示、编码）		
信息　感觉登记器　长期记忆　短期记忆（＝运转记忆，作业记忆）长期记忆		
（提取）		

图 5.2　短期记忆变成长期记忆的过程

将这个理论套用在读书上，体现为读完一本书后，我们的感觉和想法会储存在短期记忆中，在没有读后活动的情况下，这些短期记忆会慢慢消失。如果想长时间记住这些内容，就需要读后活动了。在各种读后活动中，反复阅读和组块化阅读，是将短期记忆变为长期记忆的最有效的方法。但是，读后活动的致命缺点是，会降低孩子对读书的兴趣。因此，采用读书日记的方法更好。

　　孩子在写读书日记时，父母最好只是在旁边看着，让孩子能够坦诚、自由地写出来。当然，如果孩子写了过于暴力或残忍的内容，父母要给予正确的引导。除此之外，要让孩子自己去写。写读书日记是尝试写一篇新文章的过程。

　　孩子在写读书日记的时候，自然而然就会回顾自己的读书过程，整理自己的感情和想法。读书时回想自己的经历，进行自我反省，或者回想一些很好的句子，不仅可以稳定情绪，还可以培养对周围人的关怀之心。就像做题多、认真看教科书的孩子学习成绩好一样，读过很多书的孩子更会写读后感，想象力也更好。

　　过去的阅读教育把重点放在读后感上。孩子只要读书了，学校就会布置写读后感。与之相反，最近的阅读教育则聚焦于多样的读后活动。父母和孩子一起进行的读后活动效果非常好，而像强制写读后感这种事情，会让孩子觉得读书像做作业，从而产生相反的效果。

不过，根据孩子的成长速度，大部分四年级和部分三年级的孩子最好能养成写读书日记的习惯。无论何时，重要的是绝对不能强迫孩子。请等到孩子准备好为止。

以读书日记为手段

读书日记的效果

写日记对孩子的情绪稳定和学习有很大的帮助。

第一，写日记的习惯可以培养孩子长时间坐在书桌旁的能力。小学一年级的课程包括写图画日记。利用这个机会，让孩子每天都写日记。只要在家养成了坐在椅子上的习惯，在学校上课时，孩子就不会坐不住，就能集中注意力。

第二，写日记的习惯能让孩子回顾自己的一天。让孩子每天写一篇文章，少则一句话，多则写满 1 ～ 2 张 A4 纸。就像越讲话越会讲话，越运动越会运动一样，越写作也越会写作，对写作的理解和在写作方面的创造力也会不断得到提升。写读书日记是回顾与书有关的内容，写发生在自己身上的事，写明其原因、结果和自己的感受。回顾一天中不经意间发生的事情，能够有效地提高写作能力、逻辑思维能力和记忆力。

第三，写日记的习惯有助于父母了解孩子的内心，帮孩子释放情绪。人生在世，就不可能不遭受压力。孩子也有很多压力。及时消除压力，每个人都有自己的解决方法：要么大喊大叫，要么多吃，要么运动，要么和周围的人聊天。写日记也是缓解压力的一种方法。当孩子回想当天发生的事情时，自然而然就会重新审视自己的行为，反思自己的愤怒。通过这个过程，父母可以很自然地了解孩子内心的想法。

读书笔记和读书日记的差异

读书日记和读书笔记看似相似，但差别很大。读书笔记是读完一本书后，写出故事情节或者感受，以及自己的想法。让孩子写读书笔记，多少会带给他一些负担。相反，读书日记的形式比较自由，内容也可以由自己来定。写读书日记的时候，孩子可以把印象深刻的部分画出来，也可以把印象深刻的句子摘抄下来，也可以简略地表达自己的想法。孩子也可以在读书日记本上提出与书有关的问题，让父母回答。把各种活动记录在读书日记里，每天都能有小小的成就感，同时还能享受读书带来的效果。

写读书日记的时候，要写上书名、作者名，再简单地用一个词或一句话把自己的想法或感受写下来。先让孩子坚持写一周。另外，让孩子在读书日记下面把接下来想读的书的类型、主题以及时间安排写下来。把准确的书名写出来固然很好，但当家里没有孩子想读的书时，这个方法也很有效。这也能成为孩子决心自主阅读的契机（见表5.1）。

在学校里用这种方法指导孩子，孩子的阅读量也会明显增加。

表 5.1 读书日记示例

日期	图书名	作者姓名	想法或感觉（简单地写一两行）
接下来想读的书是什么？			
什么时候读？			

写读书日记的方法

写童诗

童诗是内容含蓄的一小段文字。即使是不会写作的孩子，也能以比较轻松的心态写童诗。我们周围的事物、动物、昆虫、植物等都可以成为素材。孩子读过童诗后，会对周围细小的事物和平时忽视的东西产生兴趣。这是写童诗的最大好处。孩子对容易被忽视的事物或周围环境产生兴趣时，意味着他从多个侧面思考同一个对象的能力正在提高。

实际上，学校会在孩子们一起读完一本书后，开展这样一项活动：让他们用童诗表达自己的感受。在写童诗的同时，孩子的内心也会得到成长。孩子们在写诗的时候会认真观察周围的事物：看到在人行道地砖间盛开的花朵，感受到生命的伟大；将父母的爱与朋友的友谊比喻成花或大海，含蓄地表达出来。越写诗，孩子的内心越能得到成长。有机会的话，最好和孩子一起读一下童诗集。

孩子即使不太会写文章，写起童诗来也会比较容易上手。哪怕只有一两行文字，也有可能内涵丰富，成为优秀的童诗。和孩子一起以童诗的形式写读后感，一起画画，然后在家里举办一个小展会吧。把展出的诗句修改一下，或者如实地写出自己的感受。以后不只是一两行的短文，就算是长文，孩子也会流畅地写出来。

用图画表达

小学低年级的孩子很难用文字表达自己的感想，让他们用画画的方法写读后感是很好的切入方法。读完书后，用图画表现令人印象深刻的情节或场景，这比较适合低年级孩子的发育水平。大部分孩子都喜欢在读完书后画画，但一开始画读后感并不容易。这时候要让孩子照着书中的内容来画，之后再让孩子以记忆的内容为基础来画。孩子刚开始只能照着画，但随着水平的提高，他们会逐渐擅长用画来表现书的内容。刚开始，孩子的画只要特点鲜明即可，之后，父母要询问孩子画的是什么。

孩子出生后第一次拿起笔时就会涂鸦而不是写字。他们会把自己喜欢的图案画在墙壁和白色图画纸等处。在语言出现之前，人类就用图画或象形文字进行沟通；也就是说，这是本能的，也是成长的基本行为。

用画画的方法做读书日记，也是培养视觉思维（Visual Thinking）——最近小学在推广——的一种方法。视觉思维是指"同时利用文字和图片快速简单地整理想法、总结并共享信息"。即以象征性的图像简单表现事物、概念、想法。

视觉思维的代表性例子有卫生间标识、地铁标识等。随着用画来表现书中内容的能力逐渐提高，孩子可以运用视觉思维，找出书的特点，所以，父母要尽可能给孩子提供用画做读书日记的机会。在此过程中，孩子的观察力会提高，用自己的方式表现新事物的能力也会得到提升。

一线教师温馨提示

·读名著对孩子好吗·

读名著对孩子是有好处的，但很多人不明白为什么非要在小学阶段读名著。名著是数百年来反复被阅读并流传下来的书，如果不是能给人们带来很好的影响、意义深远的书，早就被我们忘了。事实上，让小学低年级的孩子阅读经典名著并产生兴趣并不容易。

我们经常强调要让孩子读好书。挑选好书有一些标准，要考虑孩子的阅读水平、文章的篇幅、配图和文字的关系、可读性等。

我们也要求孩子谨慎择友。从古至今，好朋友的标准都是不虚伪、真实、体贴，并且能在自己遇到困难时施以援手。不虚伪、真实的名著就像好朋友一样，让人们无法忘记，流传数百年甚至上千年。

·为什么要读名著呢·

"我的孩子能读名著吗？""应该读什么名著？""名著是不是太难了？"大部分学生家长都对经典名著感到恐惧和疏远。虽然经典作品的标准各不相同，但最重要的是它能持续阅读，蕴含着人类的普遍价值和信息。

随着孩子们的成长，他们的价值观也在改变。在小学里，如果班里有影响力的孩子扰乱课堂气氛，周围的其他孩子也会有较强的赞同倾向。由此可见，孩子很容易受到周围环境的影响。所以，父母经常对孩子说要交善友。对孩子来说，名著也可以成为善友。

小学低年级孩子的价值观还未形成，具有可塑性，因此愿意按照父母或老师的话去做。也就是说，孩子还在比较听话的阶段。在这个时期，孩子如果坚持读名著，就可以学习名著里的精华，改正自己的缺点。

我们在阅读名著时，名著所承载的价值观与"我"的价值观会产生相互作用：名著的价值观会对"我"产生影响，"我"的价值观也会影响对名著的解读。读完《小王子》后，如果孩子对想象世界产生了向往，他渴望随心所欲的内心就会投射到《小王子》中。这样，随心而动的行为和无限的想象力就会影响孩子的价值观。

也就是说，名著能够产生很大的影响。父母应该给孩子树立正确的价值观，培养他们战胜艰难险阻的力量。拥有鲜明价值观和高度自尊的孩子可以成长为身心健康的孩子。

· 阅读名著的效果 ·

我可以肯定地说，世界上的所有书籍中，阅读名著的效果是最好的。阅读名著能扩大词汇量，而且相较于阅读一般书籍，阅读名著能有效地提高通过上下文推理的能力、逻辑思考能力、注意力等。

读过很多名著的孩子，其逻辑思考能力得到了惊人的提高。在课堂上，这种孩子也会因为掌握了很多背景知识而常常思考"为什么"。他们不会全盘接受课堂上学到的知识，也不会盲目接受集体活动中朋友讲的话，而是会经过思考，提出自己的想法。

在课堂上，孩子们会因为各自背景知识的多寡而产生不同程度的自信。在学校会议、讨论、集训活动中，常读名著的孩子会有逻辑地提出自己的意见。另外，他们会因为读过难懂的书而比较自信，也敢于积极挑战困难的问题或事件。

·和孩子进行名著阅读挑战·

和孩子一起挑战读名著吧。到目前为止，我一直建议父母和孩子一起读孩子喜欢的书。但是，孩子很难自发找名著来读。那么，如何帮助他们阅读名著呢？

首先，试着劝孩子读名著。很多时候，孩子比父母想象的更容易对名著产生兴趣。孩子们喜欢阅读，他们专注于阅读。实际上，在课堂上让孩子们一起读《明心宝鉴》的话，会发现感兴趣的孩子比想象中多。《小学》是宋代朱子以8岁左右的儿童为阅读对象所写的书。以前这种书是8岁的孩子开始读的，我们的孩子没有理由不能读。

但是，阅读名著的前提是孩子爱读童话书。让连童话书都不读的孩子读名著，会导致孩子一辈子都反感读书。

　　刚开始读名著的时候，最好每周读一次，每次 10 分钟。孩子一开始会觉得非常无聊。父母需要用有趣的事例讲解名著，或从孩子的角度解释名著。可以让孩子只读自己想读的部分，也可以 10 分钟里只读一个句子、一段话。每过 10 分钟后，一定要和孩子聊一聊他到底读了哪些部分。另外，如果是父母和孩子一起读名著的话，父母最好自己先读一下。

　　激发孩子兴趣的另一个方法是大声朗读。古时候，人们就是聚集在私塾里放声朗读。和孩子一起读或者轮流读，可能会让孩子喜欢上名著。就像我们反复去看的好电影，每次看都会有新的感悟，书也一样，每次读都有新感觉、新领悟。不要因为孩子读得太少而失望，这也许能让孩子有更大的领悟。孩子无法理解全部的内容也没关系。孩子如果从小就熟悉名著，就会成长为喜欢阅读名著的孩子。

·读什么名著好呢·

　　孩子应该读什么名著呢？下面介绍的书是根据孩子的成长阶段来选定的。在课堂上，孩子的自信来自自己所掌握的背景知识和逻辑思考能力。和孩子一起挑战阅读名著吧。

小学一二年级

书名	作者
爱心树	谢尔·希尔弗斯坦
儿童四字小学①	严基元
小王子	安东尼·德·圣·埃克苏佩里
为小学生写的 33 篇方正焕童话②	方正焕

小学三四年级

书名	作者
海鸥乔纳森	理查德·巴赫
明心宝鉴	范立本
繁星	阿尔丰斯·都德
论语	孔子

---

① 暂无中文版，书名和作者姓名系拙译。——译者注
② 同上。

第六章

针对读书困难的
孩子的9种解决方案

孩子可以把读书时产生的想法与父母交流，这个过程能让孩子认识到自己的想法并不一定正确，也能让他有机会获取和思考他人的各种想法。

完全不读书的孩子

　　如果孩子对读书不感兴趣，父母就要开发他感兴趣的各种活动。我们要准确掌握这一点：完全不读书的孩子到底是什么时候开始不喜欢读书的？明明小时候父母读书给他们听的时候，他们都是眨着大眼睛，缠着父母多读一会儿。即使父母不吩咐，他们也会自己找书去读。那么，他们为什么后来不再喜欢读书了呢？

　　理由可能有千千万万，但让孩子远离书籍的最普遍的原因有两个。第一个原因是，太多事情比读书更有意思。玩手机游戏或看电视可不像读书一样费脑子。第二个原因是，对孩子来说，漫画书或童话书固然有趣，但课本上的图画变得越来越少，文字变得越来越多，不知不觉间，课本上的文字占了大部分。他们认为课本又难又没意思，自然而然就会失去学习的兴趣和自信，从而与读书越来越疏远。

　　玩手机游戏或者看电视的孩子，通常对漫画书或者学习漫画表现出浓厚兴趣。他们能够理解书中即时性要素所蕴含的趣味，因此对较快的情节展开很感兴趣。此时，如果父母想当然地不让孩子看漫画或学习漫画，而是让他们去读其他书籍，就极有可能引起亲子关系矛盾，最终在孩子和书籍之间筑起一道高墙。那么，该如何再次让孩子和书籍变得亲近起来呢？

解决方案："读书树"活动

如果孩子对学习不感兴趣，父母就会非常苦恼。于是，他们会往家里买各种类型的丛书，或是听取其他父母的意见，下血本购买大量书籍。但实际上，如果父母不提要求，孩子往往不会主动读书；如果父母以布置作业的形式要求孩子读书，孩子又会装样子给父母看。父母买了很多书，孩子却不读，父母会因此训斥孩子，或者极度失望。但事实上，父母的这种错误做法，反而成了降低孩子阅读兴趣的一个重要原因。

比起强迫孩子读书或因为不读书而训斥他们，让孩子感受到"读书是一种非常有趣的活动"是更加明智的选择。方法之一就是"读书树"活动：在图画纸上画一棵树，每次围绕书籍开展有趣的活动时，就在树上画上一颗果实，长此以往，孩子就会在不知不觉中感受到读书的乐趣。随着"读书树"一棵两棵地不断累积，或许有一天父母会突然发现，孩子已经跳进了书籍的海洋。父母每天都要坚持让孩子读书，哪怕仅仅读 10 分钟。读完书之后，再和孩子一起在"读书树"上画果实。需要注意的是，如果每天让孩子在固定的时间读书，就会给他造成很大的负担。因此，不要在意时间，只要孩子每天读书超过 10 分钟就可以了。不知不觉中，孩子就会主动将阅读时长增加至 20 分钟、30 分钟，甚至一个小时。

① 和孩子一起在 8 开图画纸上画一座公园（风景）。

② 在公园（风景）里画一棵大树，和孩子一起给大树取一个名字。

③ 每次和孩子用书籍完成一项趣味活动后，就在树上画一颗果实。

示例：制作或用身体动作来表现情景剧或书籍中的出场人物等。

④ 如果树上的果实画满了，就兑现之前和孩子约定好的奖励。

示例：去游乐场玩或满足其一个愿望等。

态度散漫的孩子

有些孩子比较散漫或者有攻击性，很多父母认为这是孩子的性格导致的，所以经常制止或训斥孩子。其实，除了遗传因素，这些不当行为大概率是父母的养育方式导致的。教育孩子并纠正他的错误行为固然很好，但过度逼迫孩子会对他造成无法修复的伤害。孩子的错误行为不仅不会得到纠正，反而会成为诱发错误行为的原因。我们到底该怎么办才好呢？

解决方案：与阅读绘本同时进行的 8 种对话

对于无法集中注意力并且性格散漫的孩子，父母要和他"通过绘本来进行对话"。低年级的孩子还不能准确地说出自己到底错在哪里：他和朋友打架后，如果你问他为什么打架，他通常会回答"就那样呗"。但当父母和孩子一起阅读绘本时，孩子就会很自然地和父母谈论自己的问题。此时，父母有8种代表性的提问方式可以选择。父母如果能合理运用这8种提问方式，和孩子之间形成"Rapport"（心理学用语，表示两个人之间有共鸣），就不仅能减少孩子的错误行为，还能激发他们对读书的兴趣。

——阅读前

· 和妈妈一起愉快地读书好吗？（激发动机）

· 妈妈想读书给你听，你觉得怎么样？（将话题引到书籍上）

· 怎样读书才好呢？（提出建议）

· 边读书边进行其他活动怎么样？（培养自我主导能力）

——阅读中

· 读得真好，真是个好主意！（称赞）

· 如果你是主人公的话，会怎么想？（考虑他人的立场）

· 我们该怎样安慰出场人物呢？（引起共鸣）

· 出场人物以后会怎么办？（培养想象力）

孩子会模仿父母的言行，所以，只要孩子没有惹出大祸，父母哪怕再生气，也要冷静地和孩子进行沟通，这才是教育孩子的正确方式。

缠着父母给自己读书的孩子

如果孩子不肯自己读书，每次都让父母来读，父母也会很苦恼。父母虽然知道读书给孩子听好处多多，但下班回到家后真的很想休息一下。面对这种明明可以自己读却非要父母读给自己听的孩子，有没有什么方法在不伤害他的同时，又能培养他良好的阅读习惯，与他保持融洽的关系呢？

解决方案：首先反思生活习惯

事实上，不管孩子几岁，当他要求父母读书给他听的时候，最好满足他。孩子让父母读书给自己听，只是为了引起父母的注意，表达想和父母在一起的愿望，与书籍本身没有太大关系。但现实却是，父母每次都读书给孩子听确非易事，这就需要通过一些练习来培养孩子"自己的事情自己做"的习惯。

让孩子独自完成"做老师布置的作业""搭积木""折纸""整理书包""打扫房间"等任务非常重要。如果孩子让父母为其读书的要求遭到拒绝，就会遭受很大的伤害，因此在日常生活中，我们应当培养孩子的独立性，引导他们养成自主读书的好习惯。之后，孩子会逐渐不再需要父母为其读书。父母在读书给孩子听的时候，要逐行或逐页阅读，在此过程中逐步引导孩子自主阅读。在这个过程中，孩子会慢慢发现读书本身是一种令人愉快的活动。

读书太快的孩子

在学校里有这样一种孩子，他们读书速度很快，每读完一本书，就会接着找其他书来读。这种孩子又分为三种类型：第一种，平时读很多书，理解力超群，可以很快读完并消化的孩子；第二种，读书时无法集中注意力的孩子；第三种，不是从头开始阅读，而是喜欢从中间开始读或跳着读的孩子。

第一种情况，阅读量大的孩子这样做完全没问题。深入理解书的内容固然重要，但考虑到小学时期孩子的自身特点，笔者认为应该尽可能增加阅读量。在前途教育方面，小学时期要给孩子讲授前途的整体框架，中学时期要让他们了解具体职业和方向，高中时期要让他们实际接触社会。同理，如果说小学时期的阅读是给孩子构建人生中大的思想框架，那么往这个框架中填满有深度的内容就是小学高年级之后的任务了。

第二种是读书时不能集中注意力的孩子。这类孩子的主要特征是讨厌书籍或者本身有很多想法。

第三种是喜欢从中间开始读或者跳着读书的孩子。比起思考之后再行动，他们更加倾向于随意行动，或者只是寻找有趣的部分来阅读。

总体来说，第二种和第三种孩子对书籍本身都没有太大兴趣。如果孩子属于这两种类型，父母一定要尝试一下下面的解决方案。

解决方案：与孩子阅读水平相符的分级阅读

要解决这个问题，我们应该采取符合孩子阅读水平的分级阅读法。每个孩子的精神和身体发育速度都不一样，读书也是如此。有的孩子阅读能力比其他小朋友提升得快，而有的则提升得慢。对于前者，只要积极鼓励他们读书，并持续关注就可以了。

而后者则需要一些非常具体的解决方案。当孩子的读书能力落后于同龄人时，父母一般都认为，只要时机到了，这种差距自然就会消失。他们忽略的一点是，即便是成年人，读书能力也是存在显著差异的。小学时期没有掌握的阅读能力，并不会随着年龄增长而自然地被培养出来。在小学教室里不怎么读书的孩子，很难一字一句地去阅读，也不会主动参与读书活动。读书能力不是一朝一夕积累起来的。如果说初高中时期是以学业为主，那么在小学低年级时期，父母更应该努力让读书成为孩子学习的主要内容。

如果孩子阅读一般书籍有困难，可以尝试一下儿童诗集或童话书。相较于童话书，小学三四年级的孩子一般更喜欢阅读其他书籍。但是，读书在某种程度上和学习类似：如果不打好基础，就很难跨越到下一阶段。只要孩子在小学三四年级前能够养成良好的阅读习惯，就为时不晚。父母只要在网络上搜索一下，就能找到很多推荐图书，只要按照孩子的阅读水平进行购买或借阅就可以了。如果孩子暂时理解不了书上的内容，那么哪怕是四年级的孩子，也可以先让他们阅读二年级或三年级的推荐图书。坚持读书可以培养孩子的自信心。

另外，父母也可以和孩子一起进行"接话游戏"。例如，父母先说："听说哲洙和英姬早上8点在家门口见面了。"孩子可以接着说："彩妍从远处跑了过来。"这样的练习对孩子很有帮助。爱跳着读书的孩子一般都缺乏循序渐进的思考能力，这样的游戏可以使他进行有逻辑、有条理的思考，养成按顺序读书的好习惯。

沉迷于读书的孩子

可能有父母会纳闷儿："孩子整天只知道读书，有什么好担心的呢？"但是，有些过分沉迷于读书的孩子确实会让父母担心。"孩子只知道读书，都不和爸爸妈妈讲话！""他也不学习，只知道一个劲儿读书！"这可能是这种孩子的父母最具代表性的烦恼了。在学校里，读书多的孩子一般都很引人注意。读书多的孩子大都具备丰富的背景知识，他们积极参与课堂活动，在写作、发言、朗读等活动中表现抢眼。但是，读书多的孩子中，有一部分或多或少会深深陷入自己的世界中无法自拔。也就是说，这些孩子由于读了太多的书，自己的想法被过分强化，比起听取周围朋友的想法或者家人的意见，他们经常会坚持自己的想法。

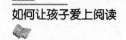

解决方案：读书讨论

读书多的孩子大多比同龄人知识面更广，更有深度。但在这个过程中，需要父母的关心。孩子长期沉迷于阅读时，父母和孩子可以一起进行的读书相关的活动就会越来越少，直至完全停止。当孩子养成自主阅读的习惯，不再央求父母给自己读书后，父母的第一角色就结束了。但是，如果父母过度远离孩子的读书活动，事情依然会变得很棘手。

孩子独自读书的时候，经常会过度地陷入某个特定领域或一个人的世界。如果长时间处于这种状态，父母和孩子就很难再一起进行读后活动。因此，父母每个月都要和孩子一起进行一次家庭读书讨论。孩子开始自主阅读时，意味着他有了自己的主见。也就是说，他已经做好了读书之后说出自己的意见和依据的准备。

把自己的想法与父母进行沟通时，孩子会认识到自己的想法并非一定正确，同时也有机会去获取和思考他人的各种想法。在讨论过程中，父母不要和孩子争输赢，只要分享并尊重彼此的想法就足够了。除此之外，读书讨论还给孩子提供了一个倾听和理解不同想法的机会，很有意义。

只看漫画书的孩子

　　只读漫画书的孩子，其词汇量通常比同龄人小。与内容深奥的书籍相比，漫画书倾向于使用情境所需的表面性词汇，这就限制了孩子的想象空间和思考的深度，对提高孩子的写作水平或表达能力没有帮助。虽然父母认为看漫画书也很好，但从长远来看，看漫画书无益于孩子养成长期的阅读习惯或提升思考能力。词汇量不足的孩子在阅读文字很多的童话书时会觉得有困难，并且不能从中感受到乐趣。因此，即使孩子非常喜欢漫画书，也要尽量读一些文字书。

　　在读书的过程中，孩子可以间接体验出场人物的思想、行为、言语、感情，将自己投射到他们的生活中。漫画很简单，任何人都能通过图画快速理解故事内容，在 10 分钟之内读完一本书。但是，这不利于孩子通过文字进行想象和学习各种新词汇。特别是小学时期，孩子需要多读文字，培养理解能力。这就需要父母努力引导孩子尽量少读漫画书，多读各种类型的其他书籍。

解决方案：一本漫画书，一本绘本

父母不要因为孩子读漫画书就催促或训斥他，而是要耐心等待，最好充分利用漫画和文字书籍的结合体——绘本——去引导孩子养成阅读文字书籍的习惯。在图书馆里，父母和孩子选好想读的书之后，可以各自聊聊为什么想读这本书。父母固然要尊重孩子想看漫画书的想法，但也请耐心给孩子讲一下一起读绘本的好处。

请和孩子一起阅读一本漫画书和一本绘本，然后一起进行读后活动吧。先一起阅读一本漫画书，然后再阅读一本绘本（童话书）。持续通过上述方法和孩子进行对话后，父母会发现，最初只看漫画书的孩子会慢慢爱上读绘本，最终陶醉于读绘本的乐趣之中。到那时，父母就能顺其自然地进一步提高孩子阅读童话书的频率。如果孩子沉迷于某种特定的漫画书，父母就可以尝试找一本类似主题或内容的绘本和孩子一起阅读。

完全记不起内容的孩子

    这种现象主要出现在禁不住父母唠叨而只能假装读书的孩子身上。这种现象也可能是因为书籍的难度超出了孩子的阅读水平，孩子缺乏理解能力和背景知识。进行读后活动时，如果孩子完全记不起书中的内容，可以认为孩子之前并不是在读书，而是认字。在这种情况下，孩子由于非常无聊，一般会不断扭动身体或东张西望。在唠叨或警告孩子之前，父母需要再次确认以下两点：这本书是否符合孩子的阅读水平？孩子是否对这本书感兴趣？

    父母要反思一下，是否曾经强迫孩子每天必须读多少本书。父母越是强迫，阅读就越像是一门作业。强迫阅读只会让孩子对书的理解浮于表面，白白耗费时间。读书是一个阅读、理解、进行发散思考的过程。孩子被迫读书时，是不可能深入思考的。因此，想要让孩子正确地读书，离不开父母的关心和爱护。

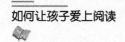

解决方案：阅读各种领域的书

　　孩子如果记不起书上的内容，父母就应该让他阅读各种主题和类型的书籍，并进行相关活动。和孩子一起在图书馆或书店挑选书籍，都能让孩子亲近书籍。

　　给孩子一个阅读不同主题书籍的机会吧！孩子之所以记不起书上的内容，最大原因是认为书籍本身没意思。这种孩子往往不知道自己对什么类型的书感兴趣。此时，父母可以从各类书籍中选一本让他读。这周是动物主题的，下周是昆虫主题的，下下周是朋友关系主题的，等等。通过阅读各种类型的书籍，孩子最终会找到自己喜欢的类型，从而对读书产生兴趣。

　　和孩子一起读同一本书吧！父母应该和孩子一起将一个词语、一个句子、一个段落进行意义扩展，进而全面把握文章思路，这种练习很有必要。让孩子自己简单阐述或者仅用一个词语去概括全文，或者重新开始阅读，这些都是很有效的活动。不断尝试却依然读不懂书的孩子更要坚持练习，提高阅读水平。

　　这时，父母可以要求孩子把读过的内容概括成一句话，这种方法也很有效。如果孩子一味盲目地读很多书，却没有记住任何东西，阅读就变得毫无意义。因此，为了让孩子记住书名、主人公和重要的内容等基本要素，可以让他们做一下练习，把这些东西简要地写下来。另外，还要积极利用学校指定的推荐书目或者父母认为孩子一定要读的书，去进行多种主题的读书活动，激发孩子的读书兴趣。

只看图画的孩子

有些父母说自己的孩子每天可以读 20 ~ 30 本书。广泛阅读的孩子通常喜欢读书。但是，那些不和父母进行读后活动而只是一味读书的孩子中，一部分只是想听到父母的称赞。他们甚至连书的内容都不理解，只是想在数量方面创纪录。他们只是聚焦于读完了 10 册、20 册这样的"结果"上，而不是聚焦于理解内容并进行多种思考这一"过程"上。这种特征主要出现在想得到父母关心和爱护的孩子身上。父母要问一下孩子书中都有哪些人物和令人印象深刻的事件，如果他回答不出来，父母就可以尝试一下下面的解决方案。

解决方案：激发积极性

父母与其因为孩子只看图画而训斥他，或者因为他读得多而称赞他，不如在亲子互动时赞扬孩子。"你是怎么想到的？太厉害了！""妈妈都没想到呢！"在围绕书籍内容而展开的对话中，父母的赞扬可以激起孩子对读书活动的喜爱，最终使他喜欢上读书。

还有一种情况是，孩子因为词汇量不足或背景知识不足而只看图画书。这时，父母可以和孩子一起查找词语的含义并一起制作词语卡片，然后用问答的形式来猜卡片上词语的含义。这种方法可以让孩子感受到学习的乐趣。另外，父母也可以和孩子一起读一些图画比较少的书籍，让他体会任意想象的乐趣。

最重要的是，不要忘记鼓励孩子："你居然还记得出场人物最开始说过的话！"或"记忆力真好！"这些鼓励可以让孩子把注意力集中在书的内容上。

表达能力差的孩子

很多父母提到，在和孩子进行读后活动时，会因为孩子态度过于消极而无法正常进行。以一个班级 30 人为例，通常会有 3 ~ 4 个孩子比同龄人更沉稳和安静。心理学认为，被父母过分压制或本身性格就比较消极的孩子，往往就会表现出这种性格特征。

孩子反应迟钝或过于消极的时候，一些父母会因为心情郁闷而大声训斥或教育他们。就像每个人都有不同的性格一样，有些孩子就是性格比较消极，不轻易表达自己的意见。所以，我们应该尊重孩子的性格特点，让他们多参加读书活动。

解决方案：学着表达

很多孩子在读完书之后，只会说一句："有意思！"这是由于他们掌握的词汇尚不丰富或无法充分表达自己的想法。由于性格消极，他们说的话通常也很简短。这些孩子不具备读书习惯，在理解书的内容方面也多少有些困难，很难在读完书之后进行深入思考。不管读什么书，这种孩子除了说"有意思"，就再也说不出什么其他有意义的话了。在孩子说出"有意思"之后，如果父母追问他"哪个部分特别有意思"，他可能也只会回答："不知道！"

对于表现不积极的孩子，父母要率先说出自己的想法。这种孩子羞于表达自己的意见，或者会担心自己的表达出错。因此，在和孩子一起读完一本书后，父母可以先发表自己的看法。"妈妈觉得，书中的主人公在梦里乘坐飞机的样子实在太有趣了！咱家闺女坐飞机时会是什么样子呢？"父母可以像这样，问一些某种程度上答案已经非常确定的问题。时间长了，孩子就会小心翼翼地表达自己的想法。

一线教师温馨提示

免费分发书籍的 Bookstart

Bookstart 是一个以"和书一起开始人生"为宗旨的，由读书社会文化财团（Bookstart Korea）和地方自治团体推进的社区文化运动项目。全国约 60% 的地方自治团体参与其中。申请者可以在指定的读书礼包中挑选两本书和其他一些与阅读有关的物品。该项目有助于孩子从小亲近书籍。

可供申请者挑选的 Bookstart 读书礼包共分为四大类：面向 3～18 个月的婴儿，面向 19～35 个月的婴幼儿，面向 36 个月～入学前幼儿，面向小学生、初中生、高中生。其中，该项目为小学生提供"书翼"书包一个、绘本两本、家长指南和地区执行机关指南各一份。

进入以下网址即可确认 Bookstart 的运营范围是否包括你所在的地区。如果你所在的地区在项目服务范围内，你就可以在当地图书馆、街道事务所等拿到书籍，相关事项敬请咨询。截至 2019 年，Bookstart 读书礼包目录中共有 77 本书，您可以从其中选择并申请自己想要的两册。详细内容请参考以下网页：http://www.bookstart.org/index.html.

尾声

父母的努力造就孩子的终生阅读习惯

学校里面有着各种各样散发着光芒的孩子，这些散发着日光、月光、星光等不同光芒的孩子在不同的环境中成长，又在一个叫作学校的空间里彼此相遇。那么，让孩子们团结在一起的"核心"是什么呢？我经过深思熟虑得出的结论是"读书"。读书让不同文化、性格、外貌、人种、家庭背景的孩子融为一体，向着一个目标前进。

为了让每个人都认识到阅读的重要性，并让他们喜欢上读书，我苦恼了很久。当我初登讲坛的时候，我相信，只要我自己努力，就能让孩子们感受到读书的真谛，通过读书向他们传递正能量。但是，在意识到学校阅读教育的局限性之后，我陷入了挫败感当中。很多父母本身并不读书；比起读书，有些父母更看重学习；有些父母认为孩子读不读书无所谓……种种因素都导致孩子很难沉浸在读书的乐趣中。

根据马斯洛的"需求层次理论"，如果下一级需要得不到满足，上一级需求如读书就不会变得迫切。因此，我一直思考如何让大家认识到父母教育的迫切性，怎么才能营造出父母和孩子一起读书的文化氛围。父母要想和孩子一起读书，什么更加重要呢？我能想到的是，父母要早点儿下班，经济上要宽裕，父母要关爱孩子，孩子要诚实等。其他暂且不论，这其中我本人更加看重孩子的诚实和父母的关爱。

父母的关爱始于家庭的幸福。为了营造幸福的家庭氛围，需要付出很多努力。面对孩子时，父母要多给予肯定、赞扬和鼓励，还要有无尽的耐心。而孩子只要开心地生活、游戏就可以了。我一直在想，这样的父母和这样的孩子一起读书时，既能起到读书的效果，又能稳定孩子的情绪，难道不是一举两得吗？我梦想着出现这样的快乐家庭：生活中以书为伴，围绕书籍开展游戏，充满赞扬和鼓励。我怀着这种幸福的想象，愉快地写下了这篇文章。如果你读完这本书后也向往和孩子在一起的幸福，我的目标在一定程度上就算实现了。

　　最重要的是，小学低年级孩子的阅读，需要和父母一起开始。即使一开始开展读后活动很辛苦，也一定要坚持至少一个月。就像蝴蝶轻轻扇动翅膀会引起龙卷风一样，你是否也期待现在小小的读书活动会对孩子的成长产生莫大的影响？我期待我幸福的梦想有一天能通过这本书成为读者的真实幸福！

哈柏露塔学习法

为我们的生活提供便利的所有产品或生活方式都来自好奇心。孩子总是会对身边哪怕是很小的事情表现出好奇心——"为什么会那样子呢"。他们在下雨天看到地上的蚂蚁时会问"蚂蚁的家在地底下，下雨的时候它们该怎么避雨呢"；看到电视上的企鹅时又问"企鹅在那么冷的地方怎么过冬呢"。这样的好奇心会唤起孩子对很多事情一探究竟的内驱力。内驱力会让行动更加积极。相反，没有内驱力，只靠外部压力去推动的话，事情肯定会变得很被动。

孩子的性格和人格发展的决定性因素是父母和家庭环境。对于在和睦家庭中长大的孩子，我们只要和他们面对面聊几句，就能感觉到他们和其他孩子不一样。父母的语气、行为，父母对待孩子的态度和对待他人的样子等所有细节，都会成为孩子学习和模仿的对象。读书当然不会是例外。如果父母一页书不读，沉迷于手机游戏或综艺节目，一次都不带孩子去书店、图书馆，孩子怎么可能主动去读书呢？

孩子应该读书。但如果父母天天唠叨"为什么不读书""读点儿书吧"，孩子就会渐渐远离书籍。应该让孩子自己感受到读书的乐趣，并渐渐接近它。要让他产生内驱力。为此，父母要先增加与孩子对话的时间。多和孩子一起做一些他感兴趣的事情，像玩玩具、看电影或逛游乐园等。在这个过程中，积极地去开展一些和读书相关的活动，我认为这是很必要的。

哈柏露塔五大核心问题

哈柏露塔（Havruta）是犹太人的传统教育法：由2人或4人组成一组，互相提问和讨论。犹太人父母在家和孩子一起吃饭或躺在床上休息时，会对孩子当天读的书、上课时学的内容和日常生活进行自由提问和对话。好问题会引发孩子的思考。"五大核心问题"可以培养孩子的思考力，让他们读书时集中注意力。通过孩子的情绪发展和阅读，对孩子和父母的情感交流产生影响。

核心问题一：今天心情怎么样

开始读书之前，先问问孩子的心情，然后让他围绕书的封面自由表达想法。让他一边聊聊挑选书籍时的感觉，一边做好阅读准备。在这个过程中，父母还可能意外地知道孩子内心的想法。

核心问题二：你怎么看

这是一个犹太人经常询问的问题。这个看似简单又微不足道的问题可以将孩子培养成自尊心强的孩子。孩子在表达自己的想法时，会因为父母认真倾听的态度而感觉自己受到了尊重。父母越是询问和倾听孩子的想法，孩子就越会努力地提问和回答；而且在表达自己的想法的时候，孩子还会努力说一些有责任感的话。那些有利于激发好奇心的问题可以培养孩子的探索欲和思考能力。

核心问题三：你能具体讲一下吗

专家认为：与灌输式教育相比，哈柏露塔更有助于提高孩子的语言能力。父母进行提问时，不能在预设好答案后进行诱导式提问。在孩子没能回答出父母想要的答案时，与其说"好像不是那样子的"或"你真的那样认为吗"，不如说"你能具体讲一下吗"。

核心问题四：今天和爸爸妈妈一起读书，感觉怎么样

虽然这是一个不起眼的小问题，但在和孩子一起读完书后，父母一定要问一问。面对这个问题，孩子会感到自己的认知不足，于是开始整理自己的想法。对于这个问题，孩子不仅会诉说当天的感受，还会讲到平时一起读书后的感受。这时，父母会对孩子产生共情，继而使他说话更有自信。

核心问题五：要不要自己试一下

通过前面提出的基本问题和基于书本的对话，孩子的自尊心、思考能力、说话能力都会得到提升。为了完成这一步，在读后活动中，父母应该和孩子一起以游戏或美术活动作为收尾，激发孩子潜在的创造力。

各种情况下的哈柏露塔解决方案

和孩子进行哈柏露塔对话时，父母可能会因为孩子做出与预想不同的反应而惊慌失措。如果能提前阅读下列各种情况下的解决方案并加以运用，就可以最大限度地发挥哈柏露塔方法的效果。

情况一：孩子不喜欢读书

如果孩子不喜欢读书，就很难运用哈柏露塔对话法。在对话开始之前，父母和孩子之间关系要融洽，心态要开放。如果孩子不喜欢读书，而父母硬把他摁在凳子上进行对话，只会让孩子积累越来越多的不满。要想让孩子喜欢上读书，首先要给孩子选择权，让他可以自由挑选想读的书。父母可以尝试和孩子一起去书店或图书馆，挑选一本书，然后一起看着书的封面简单聊一聊。孩子对书籍根本不感兴趣或者兴趣不足的情况很常见。这时，父母和孩子可以各挑选一本书，然后一边读书一边自然地开始对话。

"妈妈选的这本书是……妈妈之所以选这本书，是因为……"父母可以像这样自然地开启对话，然后问孩子："你为什么选那本书呢？"父母可以和孩子一起阅读各自挑选的书，等到双方在情感上产生共鸣时，就可以顺理成章地开始讨论了。

情况二：孩子读书很马虎

有时候，孩子好像是在读书，但却不认真。他只是装作在读书，或者只是走马观花。如果你询问他书上的内容，他会说什么都不记得了。在这种情况下，父母可以和孩子尝试一下"伙伴阅读法"。这是一种和孩子一起指着书的同一个地方共同阅读的方法。根据具体情况，可以3个或者4个人一起进行。"伙伴"的作用有很多种，可以一个人读文章，另一个人根据"伙伴"读的内容来进行与自己经历相关的活动。一个人读完之后，再互换角色。当孩子带朋友来家里玩时，父母可以读书给孩子和他朋友听。这可以培养孩子的专注力，通过朋友和书籍引导孩子参与对话。

情况三：孩子只在有奖励时才读书

只要孩子在有奖励的情况下愿意读书，父母就应该尽量抽出时间给孩子读书。这对孩子的心理稳定和良好性格的形成有很大帮助。更进一步，父母应该尝试和孩子一起读书。在这个过程中，双方可以共同读一页书，然后围绕所读内容互相提问。这比父母单向读书给孩子听的效果好很多。孩子独自通读一遍书固然很好，但多了这样的对话过程，孩子的思考能力会越来越强大。

情况四：孩子与父母交流时自说自话

读完书，父母想和孩子交流时，有些孩子却只顾自说自话。对话的根本是倾听对方的话语。这样的孩子在学校里和朋友相处时极可能会发生一些口角。在家里，父母应该怎么面对这样的孩子呢？父母应该坚持在家里实践哈柏露塔对话法，让以自我为中心的一年级的孩子去倾听朋友的话或身边人的谈话。在芬兰，读书教育从饭桌上就开始了。晚餐时，一家人一边互相询问当日发生的事情和彼此的感受，一边吃饭。从今天开始，请父母每天拿出 5 分钟的时间，和孩子聊一聊当天读的书。这是一个教孩子学会倾听、关怀和尊重等美德的好机会。